Lars M. Blöhdorn und
Denise Hodgson-Möckel

# Auf Englisch verhandeln für Dummies

## Das Pocketbuch

WILEY-VCH Verlag GmbH & Co. KGaA

**Bibliografische Information der Deutschen Nationalbibliothek**
Die Deutsche Nationalbibliothek verzeichnet diese Publikation in der
Deutschen Nationalbibliografie; detaillierte bibliografische Daten sind im
Internet über http://dnb.d-nb.de abrufbar.

1. Auflage 2011

© 2011 WILEY-VCH Verlag GmbH & Co. KGaA, Weinheim

Alle Rechte vorbehalten inklusive des Rechtes auf Reproduktion im
Ganzen oder in Teilen und in jeglicher Form.

All rights reserved including the right of reproduction in whole or in part
in any form.

Wiley, the Wiley logo, Für Dummies, the Dummies Man logo, and related
trademarks and trade dress are trademarks or registered trademarks of
John Wiley & Sons, Inc. and/or its affiliates, in the United States and other
countries. Used by permission.

Wiley, die Bezeichnung »Für Dummies«, das Dummies-Mann-Logo und
darauf bezogene Gestaltungen sind Marken oder eingetragene Marken von
John Wiley & Sons, Inc., USA, Deutschland und in anderen Ländern.

Das vorliegende Werk wurde sorgfältig erarbeitet. Dennoch übernehmen
Autoren und Verlag für die Richtigkeit von Angaben, Hinweisen und
Ratschlägen sowie eventuelle Druckfehler keine Haftung.

Printed in Germany

Gedruckt auf säurefreiem Papier

Korrektur: Frauke Wilkens, München
Satz: Mitterweger und Partner, Plankstadt
Druck und Bindung: CPI – Ebner & Spiegel, Ulm

ISBN 978-3-527-70716-4

## Auf Englisch verhandeln für Dummies

### Verhandlungen eröffnen

- **Ladies and gentlemen: Welcome to our negotiations.** (Meine Damen und Herren, herzlich willkommen zu unseren Verhandlungen.)
- **My name is…and I will chair the negotiations.** (Ich heiße … und werde die Verhandlungen leiten.)
- **Before we begin, I'd like to introduce the participants.** (Bevor wir anfangen, möchte ich die Teilnehmer vorstellen.)

### Meinungen zum Ausdruck bringen

- **I think that…** (Ich glaube, dass …)
- **In my opinion,…** (Meiner Meinung nach …)
- **I agree.** (Ich stimme zu.) / **I disagree.** (Ich stimme nicht zu.)

### Um Rückmeldungen bitten

- **What do you think?** (Was denken Sie?)
- **What's your opinion?** (Wie ist Ihre Meinung?)
- **Can you give us your thoughts on…?** (Was denken Sie über …?)

### Zustimmung ausdrücken

- **I agree to your proposal.** (Ich stimme Ihrem Vorschlag zu.)
- **I am in favor of your idea.** (Ich befürworte Ihre Idee.)
- **We support your recommendation.** (Wir unterstützen Ihre Empfehlung.)

## Auf Englisch verhandeln für Dummies

### Ablehnung ausdrücken

- **We can't agree to that.** (Wir können dem nicht zustimmen.)
- **I'm sorry, but I disagree.** (Es tut mir leid, aber ich stimme nicht zu.)
- **I'm afraid we are unable to agree to your proposal.** (Ich befürchte, dass wir Ihrem Vorschlag nicht zustimmen können.)

### Nachfragen

- **I'm not sure I understood you just now.** (Ich bin mir nicht sicher, ob ich Sie gerade richtig verstanden habe.)
- **Could you explain that, please?** (Könnten Sie das bitte erklären?)
- **Would you mind repeating that?** (Würden Sie das bitte wiederholen?)

### Entscheidungen treffen

- **Let's make a decision.** (Lassen Sie uns eine Entscheidung treffen.)
- **I suggest we try to reach a decision.** (Ich schlage vor, dass wir versuchen, zu einer Entscheidung zu kommen.)
- **Can we come to a decision?** (Können wir eine Entscheidung treffen?)

# Inhaltsverzeichnis

*Einführung* ............ 7

## Teil I
## Proper Preparation: Gut vorbereitet sein ............ 11

*Kapitel 1*
*Negotiating Basics: Verhandlungsgrundlagen* ............ 13

*Kapitel 2*
*Knowledge is Power: Was man vorab wissen sollte* ............ 23

## Teil II
## The Key to Success: Effektive Verhandlungen ............ 35

*Kapitel 3*
*A Smooth Start: Am Anfang der Verhandlungen* ............ 37

*Kapitel 4*
*The Main Stage: Mitten in den Verhandlungen* ............ 47

*Kapitel 5*
*Happy Ending: Ende gut, alles gut* ............ 57

## Teil III
## Dealing with Difficulties:
## Umgang mit schwierigen Situationen ............ 69

*Kapitel 6*
*Avoiding Arguments: Die Kunst der Diplomatie* ............ 71

*Kapitel 7*
*Building Bridges: Kompromisse eingehen* ............ 81

*Kapitel 8*
*Negotiations Worldwide: Mit der Welt auf*
*Englisch verhandeln* — *91*

# Teil IV
# Der Top-Ten-Teil — *101*

*Kapitel 9*
*Zehn Dinge, die Sie bei Verhandlungen*
*tun oder sagen sollten* — *103*

*Kapitel 10*
*Zehn Dinge, die Sie bei Verhandlungen*
*nicht tun oder sagen sollten* — *107*

# Teil V
# Anhang — *111*

*Anhang A*
*Englische Aussprache leicht gemacht* — *113*

*Anhang B*
*Zeitzonen, Geschäftszeiten und Feiertage* — *117*

*Kleines Wörterbuch* — *123*

*Stichwortverzeichnis* — *127*

# Einführung

Verhandeln Sie gern? Das ist gut. Wenn Sie mit internationalen Geschäftspartnern zusammenarbeiten, betreten Sie aber möglicherweise sprachliches Neuland, denn die Verhandlungssprache ist in den meisten Fällen Englisch. Nach der Lektüre dieses Buches werden Sie keine Scheu mehr haben, aktiv an den **negotiations** (Verhandlungen) teilzunehmen. Machen Sie **proposals** (Vorschläge), stellen Sie **questions** (Fragen), finden Sie **compromises** (Kompromisse) und treffen Sie **decisions** (Entscheidungen).

## Törichte Annahmen über den Leser

Natürlich wollen Sie sofort in die **negotiations** eintreten. Zuvor finden Sie hier aber noch einige Annahmen über Sie:

- ✔ Sie haben Grundkenntnisse des Englischen.
- ✔ Sie wollen – oder sollen – jetzt häufiger an englischsprachigen Verhandlungen teilnehmen oder sie sogar leiten.
- ✔ Sie wollen auch in schwierigen Situationen die Lage sprachlich im Griff behalten.

## Wie dieses Buch aufgebaut ist

Wenn Sie sich das Inhaltsverzeichnis dieses Buches anschauen, sehen Sie, dass Sie in den einzelnen Teilen die **key aspects** (Kernpunkte) von Verhandlungen wiederfinden.

## Teil I: Proper Preparation: Gut vorbereitet sein

Bevor es an den **bargaining table** (Verhandlungstisch) geht, können Sie in diesem Teil die **negotiations** im Schnelldurchlauf erleben. Ob erste Sondierung oder Spitzengespräch: Lernen Sie die üblichen Bezeichnungen kennen und machen Sie sich mit den einzelnen **stages** (Phasen) einer Verhandlung vertraut. Mit den hier vorgestellten Wörtern und Redewendungen können Sie sofort an einer Verhandlung teilnehmen. Nehmen Sie sich aber trotzdem die Zeit, sich zuvor im Team über Ihre Stärken, Ihre Ziele und auch über Ihren Verhandlungspartner auszutauschen.

## Teil II: The Key to Success: Effektive Verhandlungen

In diesem Teil erfahren Sie, wie Sie ein Gespräch eröffnen und Ihre Meinung zum Ausdruck bringen, ohne die **opposing party** (Gegenseite) zu verärgern. Sie lernen, wie Sie mit geschickt formulierten **proposals** (Vorschläge) und **questions** (Fragen) Ihre Ziele erfolgreich verfolgen und durch Zuhören so manches erreichen können. Wenn es darum geht, **positions** (Positionen) einzunehmen und **decisions** (Entscheidungen) zu treffen, gibt Ihnen dieser Teil ebenfalls viele nützliche Sätze an die Hand.

## Teil III: Dealing with Difficulties: Umgang mit schwierigen Situationen

Dieser Teil ist Ihr **guide** (Ratgeber), wenn Sie jemanden unterbrechen müssen, selbst unterbrochen werden oder das Gespräch geschickt **back on track** (zurück zum Thema) bringen möchten. Hier finden Sie hilfreiche Redewendungen, mit denen Sie Ruhe bewahren, Zugeständnisse machen und sie auch einfordern können. So entsteht am Ende der Verhandlungen eine **win-win situation** (Situation, bei der beide Seiten gewinnen). Zu guter Letzt unternehmen Sie eine kleine Weltreise, lernen verschiedene Verhandlungstaktiken kennen und erfahren mehr über die Tücken der **body language** (Körpersprache).

## Teil IV: Der Top-Ten-Teil

Hier erfahren Sie, was Sie bei **negotiations** auf Englisch auf die **winning side** (Gewinnerseite) bringt. Und damit Sie dort auch bleiben, lesen Sie am besten auch noch, was Sie am **bargaining table** vermeiden sollten.

## Anhang

Dieser Anhang rückt viele für erfolgreiche Verhandlungen wichtige Dinge ins rechte Licht – zum Beispiel die Aussprache des Englischen. Außerdem gibt es Informationen zu Zeitzonen, Geschäftszeiten und internationalen Feiertagen, denn Sie wollen Ihre Verhandlungspartner ja auch erreichen können. Das kleine Wörterbuch gibt Ihnen zusätzlich einen Grundstock an Verhandlungsvokabular mit auf den Weg.

> ### FYI: Konventionen in diesem Buch
>
> In vielen Kapiteln dieses Buches finden Sie Kästen, die mit »**FYI**« betitelt sind. Das heißt Folgendes: **FYI / for your information** (zur Kenntnisnahme). In diesen Kästen erhalten Sie Hintergrundwissen zur englischen Sprache.
>
> Darüber hinaus werden Sie diese beiden Kürzel sehen: **AE / American English** (amerikanisches Englisch) und **BE / British English** (britisches Englisch).

## Symbole, die in diesem Buch verwendet werden

Diese Symbole, die Sie über die Kapitel verteilt immer wieder finden, geben Ihnen nützliche Tipps:

Dieses Symbol ist ein Grammatik- und Wortschatzhinweis. Hier erfahren Sie mehr zu Besonderheiten der englischen Sprache.

Andere Länder, andere Sitten. Dieses Symbol weist darauf hin, dass Sie hier etwas über die Gepflogenheiten in den USA, in Großbritannien und auch anderen Ländern erfahren können.

In den kurzen Dialogen am Ende der Abschnitte oder Kapitel können Sie direkt in die **negotiations** einsteigen. Hier finden Sie realitätsnahe Situationen – so ähnlich könnten auch Ihre Verhandlungen verlaufen.

## Wie es weitergeht

Sind Sie bereit, zu verhandeln? Entweder Sie lesen das Buch von vorn bis hinten oder Sie schlagen ein Kapitel Ihrer Wahl auf. Beides ist problemlos möglich. Durch die Querverweise, auf die Sie immer wieder stoßen werden, finden Sie auf jeden Fall Ihren Weg durch *Auf Englisch verhandeln für Dummies*. **You can only win!** (Sie können nur gewinnen!)

## Teil I

# Proper Preparation: Gut vorbereitet sein

## *In diesem Teil ...*

An welchem Punkt der Verhandlungen stehen Sie? Im ersten Kapitel finden Sie sich in verschiedenen Arten und Phasen von **negotiations** wieder. Damit Sie jederzeit etwas zum Gespräch beitragen können, erhalten Sie hier auch ein **survival kit** (Überlebensausrüstung) in Form von Wörtern und Redewendungen, die Sie durch die Verhandlung bringen. Das klappt am besten, wenn Sie gut vorbereitet sind. Daher kommunizieren Sie im zweiten Kapitel innerhalb Ihres internationalen Teams nicht nur Ihre Stärken, sondern auch die **strengths** (Stärken) und **weaknesses** (Schwächen) Ihrer Verhandlungspartner. Wenn Sie dann noch Ihre **goals** (Ziele) formulieren, sind Sie schon fast am Ziel, bevor Sie überhaupt angefangen haben zu verhandeln. **Are you ready for take-off?** (Sind Sie startklar?)

---

\* »Es tut mir leid, Herr und Frau Schmidt. Als Ihr Buchhalter war ich nicht auf diese Form der Verhandlung vorbereitet.«

# *Negotiating Basics:* 1
# *Verhandlungsgrundlagen*

> *In diesem Kapitel*
> ✔ Unterschiedliche Verhandlungsarten kennenlernen
> ✔ In einzelne Stadien der Verhandlung eintreten
> ✔ Die richtigen Wörter und Redewendungen verwenden

Wollen Sie mitreden? In diesem Kapitel lernen Sie das Spiel **negotiations** (Verhandlungen) kennen. Sie erfahren, welche **kinds of negotiations** (Verhandlungsformen) Sie einsetzen können. Darüber hinaus werden die einzelnen **stages** (Stadien), in die Verhandlungen eingeteilt sind, vorgestellt. Zu guter Letzt liefert Ihnen dieses Kapitel einen Grundstock an Wörtern und Redewendungen, mit denen Sie sofort in eine Verhandlung einsteigen können. **What are you waiting for?** (Worauf warten Sie noch?)

## *Kinds of Negotiations: Verhandlungsformen*

**We need to talk.** (Wir müssen reden.) Wenn Sie an diesem Punkt angekommen sind, sind **negotiations** fällig. Verhandlungen lassen sich in verschiedene **categories** (Kategorien) einteilen:

✔ **exploratory negotiations** (Sondierungsgespräche)
✔ **preliminary negotiations** (einleitende Verhandlungen)
✔ **official negotiations** (offizielle Verhandlungen)

> ### FYI: »101«
>
> Machen Sie einen Anfang. An amerikanischen Universitäten werden Einstiegskurse an der Uni mit **»101«** bezeichnet:
>
> - ✔ **Negotiations 101** (Einstieg in Verhandlungen)
> - ✔ **Meetings 101** (Einstieg in Besprechungen)
> - ✔ **Calligraphy 101** (Einstieg in die Kalligrafie)
>
> Den letzten Kurs sollten Sie besuchen, wenn Ihre Unterschrift auf dem **contract** (Vertrag) nach den erfolgreichen **negotiations** auch noch gut aussehen soll …

- ✔ **low-level negotiations** (Verhandlungen auf unterer Ebene)
- ✔ **mid-level negotiations** (Verhandlungen auf mittlerer Ebene)
- ✔ **high-level negotiations** (Verhandlungen auf hoher Ebene)
- ✔ **top-level negotiations** (Verhandlungen auf höchster Ebene, Spitzengespräche)

Sie reden miteinander? Gut so! So können Sie Ihre Gespräche beschreiben:

- ✔ **talk** (Gespräch)
- ✔ **discussion** (Diskussion)
- ✔ **talks** (Verhandlungen)

Bei so vielen Bezeichnungen artet das fast schon zu einem **talkfest** (Gesprächsmarathon) aus.

Je nachdem, wie viele Parteien an Ihren **negotiations** beteiligt sind, nennen Sie sie so:

✔ **bilateral** (zweiseitig)
✔ **multilateral** (mehrseitig)

Passen Sie auf, dass Ihre Gespräche nicht **unilateral** (einseitig) werden. Man könnte sonst von Ihnen behaupten, dass Sie Selbstgespräche führen.

 Herr Hansen und Herr Brown führen ein erstes Telefongespräch über mögliche Verhandlungen mit ihren indischen Geschäftspartnern.

| | |
|---|---|
| Mr. Hansen: | **Hi, this is Tom calling from Kiel. How are you, Chuck?** |
| | Hallo, hier spricht Tom aus Kiel. Wie geht es Ihnen, Chuck? |
| Mr. Brown: | **Hi, Tom. I'm fine. How are you?** |
| | Hallo, Tom. Mir geht es gut. Wie geht es Ihnen? |
| Mr. Hansen: | **Fine, thanks. I'm calling because I think we need to talk.** |
| | Danke, gut. Ich rufe an, weil ich glaube, dass wir miteinander reden müssen. |
| Mr. Brown: | **What about, Tom?** |
| | Worüber, Tom? |

| | |
|---|---|
| Mr. Hansen: | **It's about expanding the business relations with our partners in India.** |
| | Es geht darum, die Geschäftsbeziehungen mit unseren Partnern in Indien auszuweiten. |
| Mr. Brown: | **Let's set up a plan for preliminary negotiations.** |
| | Lassen Sie uns einen Plan für einleitende Verhandlungen aufstellen. |

## *Negotiation Stages: Verhandlungsphasen*

**All the world's a stage.** (Die ganze Welt ist eine Bühne.) Zugegebenermaßen geht es in diesem Abschnitt nicht um diese Art von **stage** (Bühne), sondern um **stages** (Stadien). Eine Verbindung zwischen der Bühne und Verhandlungen lässt sich aber nicht leugnen. In jeder der folgenden **negotiation stages** (Verhandlungsphasen) spielen Sie eine wichtige Rolle:

✔ **initial stage** (Anfangsphase)

- **meeting the key players** (die Hauptbeteiligten kennenlernen)
- **engaging in small talk** (Plauderei betreiben)
- **opening the negotiations** (die Verhandlungen eröffnen)

Mehr zur **initial stage** von **negotiations** erfahren Sie in den Kapiteln 2 und 3.

 Erliegen Sie nicht dem Trugschluss, dass **small talk** Zeitverschwendung sei. Es ist vielmehr so, dass Sie durch diese nette Plauderei die **key players** besser einschätzen können. Sie bekommen ein Gespür dafür, wie Sie mit ihnen in den **negotiations** umgehen können. Also: **Don't be afraid to chew the fat.** (Haben Sie keine Angst, ein Schwätzchen zu halten, *wörtlich:* Haben Sie keine Angst, das Fett zu kauen.)

✔ **main stage** (Hauptphase)

- **stating what you want to attain** (darlegen, was Sie erreichen wollen)
- **making the first offer** (das erste Angebot unterbreiten)
- **discussing the matter** (über das Anliegen diskutieren)
- **making a counter-offer** (ein Gegenangebot unterbreiten)

Mehr zur **main stage** der **negotiations** erfahren Sie in Kapitel 4.

Haben Sie Hunger? Nach der **main stage** der **negotiations** bietet es sich an, eine Pause einzulegen. Oft kann die lockere Atmosphäre eines gemeinsamen Essens den Ausgang der Verhandlungen positiv beeinflussen. Eine Pause können Sie so ankündigen:

✔ **Let's take a break.** (Lassen Sie uns eine Pause machen.)

✔ **How about a coffee break now?** (Wie wäre es mit einer Kaffeepause?)

✔ **Let's break for lunch.** (Lassen Sie uns eine Pause für das Mittagessen einlegen.)

✔ **final stage** (Endphase)

- **making the final offer** (das letzte Angebot unterbreiten)
- **discussing the last points** (letzte Punkte diskutieren)
- **reaching an agreement** (zu einer Übereinkunft kommen)

Mehr zur **final stage** der **negotiations** erfahren Sie in Kapitel 5. Abbildung 1.1 zeigt die **stages** noch einmal in der Zusammenfassung.

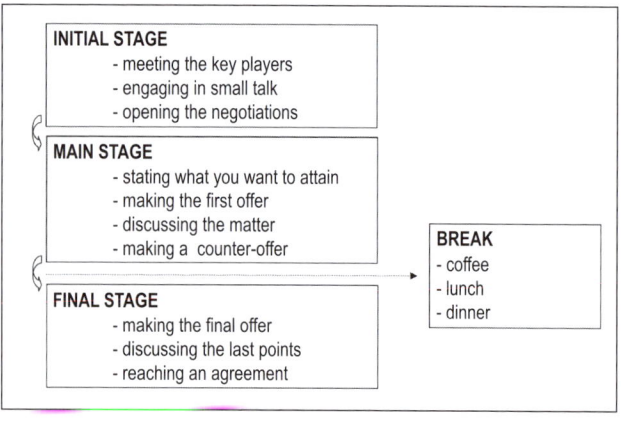

Abbildung 1.1: Die verschiedenen Stadien einer Verhandlung

## *Your Negotiation Toolkit: Wichtige Wörter und Redewendungen*

**Know the tools of the trade.** (Machen Sie sich mit dem Handwerkszeug vertraut.) Auch wenn Sie schon an vielen **negotiations** teilgenommen haben, ist Englisch als Verhandlungssprache eine neue **challenge** (Herausforderung) für Sie. Da ist es von Vorteil, wenn Sie einige Wörter und Redewendungen schon einmal gehört haben und im Bedarfsfall richtig einsetzen können. Vieles kennen Sie sicherlich auch aus **telephone calls** (Telefongespräche), **business letters** (Geschäftsbriefe) und **meetings** (Besprechungen). Schauen Sie sich einmal diese Verben an:

- ✔ **to negotiate** (verhandeln, aushandeln)
- ✔ **to offer something** (etwas anbieten)
- ✔ **to bargain** (handeln, aushandeln)
- ✔ **to mediate** (schlichten)
- ✔ **to compromise** (Zugeständnisse machen)

Hier finden Sie diese Verben in Sätzen wieder:

- ✔ **We are here today to negotiate a contract.** (Wir sind heute hier, um einen Vertrag auszuhandeln.)
- ✔ **We would like to offer you the following deal.** (Wir würden Ihnen gern folgendes Geschäft vorschlagen.)
- ✔ **We need a third party to mediate in the dispute.** (Wir brauchen einen Unabhängigen, um den Streit zu schlichten.)
- ✔ **It's necessary to compromise on the conditions.** (Wir müssen bei den Bedingungen einlenken.)

**It's a deal!** (Abgemacht!). So verwenden Sie das Wort »**deal**« im Englischen:

- **to strike a deal** (eine Vereinbarung treffen)
- **to pull off a deal** (ein Geschäft über die Bühne bringen)
- **to close a deal** (ein Geschäft abschließen)

Passen Sie auf, dass Sie keinen **dealbreaker** (Grund, warum Verhandlungen scheitern) in Ihre **negotiations** einbauen.

Auch diese Substantive können hilfreich sein:

- **agenda** (Tagesordnung)
- **draft** (Entwurf)
- **query** (Frage, Nachfrage)
- **guarantee** (Versprechen)
- **party** (Gruppe)

Hier sehen Sie diese Wörter in Verbindung mit Adjektiven:

- **This item ranks high on our agenda.** (Dieser Punkt steht weit oben auf unserer Tagesordnung.)
- **It's just a rough draft. Let's add the details later.** (Es ist nur ein erster Entwurf. Lassen Sie uns die Details später einarbeiten.)
- **If you have further queries, don't hesitate to ask.** (Wenn Sie weitere Fragen haben, können Sie gern nachfragen.)

✔ **We can give you a firm guarantee on this matter.** (Wir können Ihnen das fest zusagen.)

✔ **The opposing party is asking for an adjournment.** (Die Gegenseite bittet um eine Vertagung.)

> ### FYI: »party«
> Nein, es ist noch nicht Zeit zum Feiern. »**Party**« hat im Englischen noch weitere Bedeutungen:
>
> ✔ **party** (Teilnehmer)
> ✔ **party** (Gruppe)
> ✔ **party** (politische Partei)
>
> Zu welcher **party** gehören Sie: **party animals** (Partylöwen) oder **party poopers** (Partymuffel)?

 Herr Hansen und Herr Brown telefonieren miteinander. Sie reden über wichtige Punkte der anstehenden Verhandlungen.

Mr. Hansen: **Do you want me to work up a rough draft for the negotiations with the Indian company?**
Möchten Sie, dass ich einen ersten Entwurf für die Verhandlungen mit der indischen Firma ausarbeite?

Mr. Brown: **Please do. Keep in mind that energy-saving measures should rank high on the agenda.**
Bitte machen Sie das. Denken Sie daran, dass Energiesparmaßnahmen weit oben auf der Tagesordnung stehen sollten.

Mr. Hansen: **I'm worried that they might be reluctant to agree.**
Ich befürchte, dass sie zögern werden zuzustimmen.

Mr. Brown: **We'll guarantee higher profits in the long run. They won't be able to resist.**
Wir können ihnen langfristig höhere Gewinne versprechen. Das wird sie überzeugen.

Mr. Hansen: **I'll get down to work then. If I have any queries, I'll contact you.**
Dann mache ich mich an die Arbeit. Wenn ich Fragen habe, werde ich mich bei Ihnen melden.

## Kleiner Wortschatz

| Englisch | Deutsch |
|---|---|
| stage | Phase |
| category | Kategorie |
| contract | Vertrag |
| to expand | ausweiten |
| key player | Hauptbeteiligter |
| small talk | Plauderei |
| to attain | erreichen |
| counter-offer | Gegenangebot |
| challenge | Herausforderung |
| agenda | Tagesordnung |
| adjournment | Vertagung |
| profit | Gewinn |

# Knowledge is Power: Was man vorab wissen sollte    2

> *In diesem Kapitel*
> ✔ Über Ihre Eigenschaften sprechen
> ✔ Gut über den Verhandlungspartner informiert sein
> ✔ Ziele setzen und erreichen

Bevor es an den **conference table** (Verhandlungstisch) geht, ist es an der Zeit, etwas Selbstfindung zu betreiben. Keine Angst – zur Vorbereitung der **negotiations** (Verhandlungen) ist nicht unbedingt eine Reise nach Indien erforderlich. Sie können sich ganz einfach mit der Lektüre dieses Kapitels vorbereiten. Hier geht es darum, sich im Team über **strengths** (Stärken) und **weaknesses** (Schwächen) bewusst zu werden. Darüber hinaus ist es ratsam, auch etwas über die **opposing party** (Gegenseite) in Erfahrung zu bringen. Wenn Sie sich dann noch klare **goals** (Ziele) setzen, sind Sie schon fast am Ziel. Ganz schön zielstrebig, oder?

## Know Yourself: Charaktereigenschaften vermitteln

Wer bin ich? Immer, wenn Sie mit einem internationalen Team zusammen verhandeln, tauschen Sie sich zunächst übereinander aus. Folgende Beispielsätze helfen sowohl bei der Teambildung als auch am **conference table**.

✔ **Talking about thinkers and doers:** (Über Denker und Macher sprechen:)

- **We always rely on…to come up with new ideas.** (Wir verlassen uns immer darauf, dass … neue Ideen hat.)
- **Who is good at thinking up strategies?** (Wer kann gut Strategien entwickeln?)
- **I am able to implement ideas.** (Ich kann Ideen umsetzen.)
- **…is the best when it comes to reaching goals.** (… ist die Beste, wenn es darum geht, Ziele zu erreichen.)

Wollen Sie Ziele erreichen? Benutzen Sie den richtigen Ausdruck zur richtigen Zeit:

- ✔ **goal** (langfristiges Ziel, Zielsetzung)
- ✔ **aim** (Ziel)
- ✔ **objective** (Zielvereinbarung)
- ✔ **target** (Zielvorgabe)

Jetzt müssen Sie nur noch die **finish line** (Ziellinie) erreichen.

✔ **Talking about being reserved or outgoing:** (Über zurückhaltende oder kontaktfreudige Menschen sprechen:)

- **I prefer others to do the talking.** (Ich bevorzuge es, wenn andere das Reden übernehmen.)
- **…is a good listener.** (… kann gut zuhören.)
- **Who likes to do the talking?** (Wer redet gern?)
- **…enjoys new people and new situations.** (… mag neue Leute und neue Situationen.)

Ist Ihnen warm? Schauen Sie sich einmal diese **character traits** (Charaktereigenschaften) an:

- ✔ **hot-blooded** (leidenschaftlich)
- ✔ **hot-tempered** (jähzornig)
- ✔ **hot-headed** (hitzköpfig)

Bewahren Sie einen kühlen Kopf.

✔ **Talking about being calm or hot-headed:** (Über ausgeglichene oder hitzköpfige Menschen sprechen:)

- **Nothing can ruffle… .** (Nichts bringt … aus der Ruhe.)
- **I keep my cool even when everyone else gets hot under the collar.** (Ich bewahre einen kühlen Kopf, auch wenn alle anderen wütend reagieren, *wörtlich:* wenn allen anderen heiß unter dem Kragen wird.)
- **It's better that I take a deep breath before I speak.** (Ich atme lieber einmal tief durch, bevor ich rede.)
- **…is not afraid of confrontations.** (… scheut Konfrontationen nicht.)

✔ **Talking about being patient or impatient:** (Über geduldige oder ungeduldige Menschen sprechen:)

- **…acts as if she has all the time in the world.** (… benimmt sich, als ob sie alle Zeit der Welt hätte.)
- **I don't like to be rushed.** (Ich lasse mich nicht gern drängen.)
- **»Let's get the show on the road!« is our motto.** (»Auf geht's!« ist unser Motto.)
- **What are we waiting for?** (Worauf warten wir noch?)

**Time is money.** (Zeit ist Geld.) Zumindest in der westlichen Welt hat sich dieser Gedanke festgesetzt. Kein Wunder also, dass Sie das Wort »**rush**« in so vielen Variationen finden:

- **Try to avoid the roads during the rush hour.** (Versuchen Sie, die Straßen während des Berufsverkehrs zu meiden.)

- **We're very busy. We have our yearly rush.** (Wir sind sehr beschäftigt. Wir haben unseren jährlichen Hochbetrieb.)

- **We need to rush this contract through the legal department.** (Wir müssen diesen Vertrag durch die Rechtsabteilung jagen.)

Denken Sie aber daran: **Haste makes waste.** (Eile mit Weile, *wörtlich:* Eile bringt Verschwendung.)

✔ **Talking about being cautious or impulsive:** (Über vorsichtige oder impulsive Menschen sprechen:)

- **…usually weighs the pros and cons before he makes a decision.** (… wägt für gewöhnlich die Vor- und Nachteile ab, bevor er eine Entscheidung trifft.)

- **Let's get the complete picture first.** (Lassen Sie uns zunächst das Ganze betrachten.)

- **Why not throw caution to the wind?** (Warum nicht die Vorsicht einmal über Bord werfen?)

- **I want it. I need it. I must have it. Now!** (Ich will es. Ich brauche es. Ich muss es haben. Jetzt!)

Für erfolgreiche **negotiations** ist es wichtig, dass sich die **strengths** der **participants** über die verschiedenen **character traits** verteilen. Sprechen Sie darüber mit den potenziellen Mitgliedern Ihres Teams. So stellen Sie sicher, dass Ihre Mannschaft ausgewogen aufgestellt ist.

### FYI: »good cop, bad cop«

Sie kennen es sicherlich aus Krimis: Der eine Kommissar übernimmt die Rolle des verständnisvollen, netten Polizisten. Der andere ist der Böse. Diese Verhandlungsstrategie, um Ihr Gegenüber in eine für Sie vorteilhafte Position zu manövrieren, hat sich in diesen Stereotypen festgesetzt:

- ✔ **good cop** (guter Polizist)
- ✔ **bad cop** (böser Polizist)

Welche Rolle übernehmen Sie?

Herr Hansen und Herr Brown bereiten sich auf die Verhandlungen mit ihren Geschäftspartnern aus Indien vor. Ein passendes Verhandlungsteam soll zusammengestellt werden.

Mr. Brown: **Tom, who should be on the team from your company?**
Tom, wer soll aus Ihrer Firma im Team sein?
Mr. Hansen: **It's me plus one other person, right?**
Es geht um mich und eine weitere Person, richtig?

| | |
|---|---|
| Mr. Brown: | **That's correct. I would also bring one more person along. So it'll be four people on our team.** |
| | Genau. Ich würde auch noch jemanden mitbringen. Dann sind wir vier in unserem Team. |
| Mr. Hansen: | **I tend to be a little impatient. That's why I'd like to bring along my colleague Ms. Demir – she's very patient.** |
| | Ich bin manchmal ein wenig ungeduldig. Daher möchte ich gern meine Kollegin Frau Demir mitbringen – sie ist sehr geduldig. |
| Mr. Brown: | **Then I'll bring along Sarah Sockhole. She's a good listener and tends to keep cool when the going gets rough. We'll be an unbeatable team.** |
| | Dann bringe ich Sarah Sockhole mit. Sie kann gut zuhören und bleibt ruhig, wenn es einmal hoch hergeht. Wir werden ein unschlagbares Team sein. |

## *Know the Other Side: Die andere Seite kennen*

Sie wissen, wer Sie sind. Wissen Sie auch, wer Ihr **counterpart** (Gegenüber) auf der anderen Seite des **conference table** ist? Nehmen Sie sich vor den **negotiations** die Zeit, sich umfassend über Ihren Verhandlungspartner zu informieren. Dabei können diese Fragestellungen helfen:

✔ **What company or organization are we dealing with?** (Mit welchem Unternehmen oder welcher Organisation haben wir es zu tun?)

- **Let's look at the company or organization website.** (Lassen Sie uns die Website des Unternehmens oder der Organisation anschauen.)
- **Why don't we check the media for information about the company?** (Lassen Sie uns in den unterschiedlichen Medien Informationen über das Unternehmen recherchieren.)
- **Who is willing to study the company's public documents?** (Wer erklärt sich bereit, die öffentlich zugänglichen Dokumente des Unternehmens durchzugehen?)

Was so alles öffentlich ist. Das Wort **public** (öffentlich) kommt in unzähligen Kombinationen vor. Hier ein paar Beispiele:

- ✔ **public affairs** (öffentliche Angelegenheiten)
- ✔ **public company** (Aktiengesellschaft)
- ✔ **public relations** (Öffentlichkeitsarbeit)

Zu guter Letzt gibt es auch noch den **pub** (BE: Kneipe). Das ist kurz für **public house** (BE: Kneipe, *wörtlich:* öffentliches Haus). Dorthin sollten Sie aber erst nach Vertragsabschluss gehen.

✔ **Who are the people we will be talking to?** (Wer sind die Leute, mit denen wir reden werden?)

- **We should gather information from company website profiles and social networks.** (Wir sollten Informationen aus Profilen auf der Website des Unternehmens und aus sozialen Netzwerken sammeln.)

- **Ask other business partners about their experiences.** (Fragen Sie andere Geschäftspartner nach ihren Erfahrungen.)
- **Dig up any dirt you can find.** (Bringen Sie jeglichen Schmutz ans Tageslicht, den Sie finden können.)

Ohne **social networks** (soziale Netzwerke) geht heute gar nichts mehr. Passen Sie auf, welche Informationen Sie über sich öffentlich zugänglich machen. Die **snapshots** (Schnappschüsse) von der letzten Feier könnten Ihnen bei einer Bewerbung vielleicht zum Verhängnis werden.

✔ **What are their aims?** (Was sind ihre Ziele?)

- **I analyzed the company's recent activities.** (Ich habe die jüngsten Aktivitäten des Unternehmens analysiert.)
- **Find out about the company's past strategies.** (Finden Sie etwas über die bisherige Unternehmensstrategie heraus.)
- **Is the other side willing to make compromises?** (Ist die andere Seite zu Zugeständnissen bereit?)

Herr Hansen und Herr Brown planen die anstehenden Verhandlungen mit ihren Geschäftspartnern aus Indien. Sie sprechen über das indische Unternehmen.

Mr. Hansen: **Chuck, do you know any details about the Indian company?**
Chuck, wissen Sie Genaueres über das indische Unternehmen?

| | |
|---|---|
| Mr. Brown: | **I've checked their website. Their annual financial report indicates that they need us.** |
| | Ich habe mir die Website angeschaut. Ihre Jahresbilanz zeigt, dass sie uns brauchen. |
| Mr. Hansen: | **So they'll be willing to make compromises, right?** |
| | Also werden sie zu Kompromissen bereit sein, oder? |
| Mr. Brown: | **We have dealt with Ms. Singh before. Remember? She's a tough negotiator.** |
| | Wir hatten schon mit Frau Singh zu tun. Erinnern Sie sich? Sie ist eine zähe Verhandlungspartnerin. |
| Mr. Hansen: | **You're right. But from her Facebook account I can tell that she can also be easy-going.** |
| | Sie haben recht. Aber aus ihrem Facebook-Profil geht hervor, dass sie auch locker sein kann. |
| Mr. Brown: | **Maybe I should check that, too.** |
| | Vielleicht sollte ich mir das auch anschauen. |

## *Know What You Want: Ziele setzen*

**Hope for the best, but prepare for the worst.** (Hoffen Sie auf das Beste, aber seien Sie auf das Schlimmste vorbereitet.) Wenn Sie gut vorbereitet in die **negotiations** gehen, kommen Sie auch mit guten Ergebnissen wieder heraus. Dafür ist es notwendig, dass Sie sich **clear aims** (klare Ziele) setzen:

- ✔ **primary aim** (Hauptziel)
- ✔ **secondary aim** (Nebenziel)
- ✔ **fall-back position** (Plan B)

So können Sie diese **aims** zu Papier bringen:

- **The primary aim of the negotiations is to establish rapport with our main competitor.** (Das Hauptziel der Verhandlungen ist, ein harmonisches Verhältnis mit unserem Hauptmitbewerber herzustellen.)
- **Our secondary aim is to expand our activities into the Asian market.** (Ein weiteres Ziel ist es, unsere Aktivitäten auf den asiatischen Markt auszudehnen.)
- **As a fall-back position, we have our talks with the Canadians.** (Als Plan B haben wir die Gespräche mit den Kanadiern.)

Auch diese Sätze, die im Zusammenhang mit Ihren Zielen stehen, könnten für Sie hilfreich sein:

- **Our immediate aim is to redesign the company logo.** (Unser unmittelbares Ziel ist die Neugestaltung des Firmenlogos.)
- **Our short-term goal: hiring new staff.** (Unser kurzfristiges Ziel: neue Mitarbeiter einstellen.)
- Modernizing our image is our long-term goal. (Die Modernisierung unseres Profils ist unser langfristiges Ziel.)

Erreichen Sie Ihr Ziel. Dabei helfen Ihnen diese Verben:

- **to achieve** (erreichen)
- **to attain** (erreichen)
- **to reach** (erreichen)

- ✔ **We have to set specific aims for the upcoming negotiations.** (Wir müssen uns genaue Ziele für die bevorstehenden Verhandlungen setzen.)
- ✔ **We should not be afraid to establish ambitious goals.** (Wir sollten uns nicht scheuen, ehrgeizige Ziele festzulegen.)
- ✔ **A realistic target would be 100,000 units.** (100.000 Einheiten sind eine realistische Zielvorgabe.)

Während eines Telefongesprächs setzen sich Herr Hansen und Herr Brown Ziele für die bevorstehenden Verhandlungen.

Mr. Brown: **Let's talk about what we want here. I think we need to agree on a primary aim.**
Lassen Sie uns darüber reden, was wir erreichen wollen. Ich glaube, wir sollten uns auf ein Hauptziel einigen.

Mr. Hansen: **That's a good idea, Chuck. But we have to be realistic. I don't think we can achieve all our goals.**
Das ist eine gute Idee, Chuck. Aber wir müssen realistisch bleiben. Ich glaube nicht, dass wir alle unsere Ziele erreichen können.

Mr. Brown: **I'm not afraid of being ambitious.**
Ich habe keine Angst vor hochgesteckten Zielen.

Mr. Hansen: **But we definitely need a fall-back position. I'll get together with Ms. Demir and we'll draw up a list.**
Aber wir brauchen auf jeden Fall einen Plan B. Ich werde mich mit Frau Demir zusammensetzen und eine Liste erstellen.

Mr. Brown: **And I'll ask Sarah for her input.**
Und ich frage Sarah, was sie dazu meint.

## Kleiner Wortschatz

| Englisch | Deutsch |
|---|---|
| conference table | Verhandlungstisch |
| opposing party | Gegenseite |
| strategy | Strategie |
| to implement | umsetzen |
| character trait | Charaktereigenschaft |
| participant | Teilnehmer |
| colleague | Kollege |
| to gather | sammeln |
| to analyze | analysieren |
| willing | bereit |
| competitor | Mitbewerber |
| to hire | einstellen |
| upcoming | bevorstehend |
| input | Beitrag |

## Teil II

# The Key to Success: Effektive Verhandlungen

## *In diesem Teil ...*

Nach der Lektüre dieses Teils werden Sie sich vom **beginning** (Anfang) bis zum **end** (Ende) der **negotiations** sicher fühlen. Die nützlichen Tipps, die Sie hier zur Verhandlungseröffnung und zum Meinungsaustausch finden, können Sie sofort in die Tat umsetzen. Sie erfahren, wie Sie Fragen auf Englisch formulieren und damit Ihre Verhandlungspartner zum Sprechen animieren. Sie erhalten auch das notwendige Vokabular, um Ihre **position** (Position) darzustellen. Das hilft Ihnen dabei, **decisions** (Entscheidungen) zu treffen. Wenn das wider Erwarten einmal nicht möglich sein sollte, finden Sie hier auch Sätze, mit denen Sie Entscheidungen hinauszögern oder vertagen können. Wollen Sie diesen Teil lesen? **That's the right decision!** (Das ist die richtige Entscheidung!)

* »Na klasse! Wir sind so nah dran, »Godzilla – die Miniserie« hinzubekommen und du verlierst die emotionale Distanz wegen der Ausstrahlungsrechte.«

# *A Smooth Start:* *Am Anfang der Verhandlungen* 3

> *In diesem Kapitel*
> ✔ Gut in die Verhandlungen starten
> ✔ Gespräche zielgerichtet vorantreiben
> ✔ Ihre Interessen geschickt zum Ausdruck bringen

Betrachten Sie es sportlich: Sehen Sie den **conference room** (Konferenzraum) als Spielfeld. Dieses Kapitel ist Ihr **coach** (Trainer), wenn es darum geht, gut in die **negotiations** zu starten. Sie erfahren, wie Sie mit einfachen Redewendungen mit Ihren Verhandlungspartnern in einen konstruktiven Dialog eintreten können. Heben Sie darüber hinaus positive Aspekte für beide Seiten hervor, ohne dabei Ihre Interessen und Ziele aus den Augen zu verlieren. Worauf warten Sie noch? **It's your move.** (Sie sind am Zug.)

## *Opening Moves:* *Verhandlungen richtig eröffnen*

Steigen Sie in die **initial stage** (Anfangsphase) der **negotiations** ein – mehr zu den **stages** erfahren Sie in Kapitel 1. Zunächst begrüßen Sie Ihre Verhandlungspartner am **bargaining table** (Verhandlungstisch) und stellen sich und die anderen kurz vor. Dies gelingt Ihnen mit diesen Sätzen ganz einfach:

✔ **Ladies and gentlemen: Welcome to our negotiations.**
(Meine Damen und Herren, herzlich willkommen zu unseren Verhandlungen.)

- ✔ **My name is…and I will chair the negotiations.** (Ich heiße … und werde die Verhandlungen leiten.)
- ✔ **Before we begin, I'd like to introduce the participants.** (Bevor wir anfangen, möchte ich die Teilnehmer vorstellen.)
- ✔ **Our guests are…** (Unsere Gäste sind …)
- ✔ **Perhaps you've already met…** (Vielleicht haben Sie … bereits kennengelernt.)

Danach können Sie noch etwas **small talk** (Plauderei) betreiben, um eine angenehme Atmosphäre zu schaffen – mehr dazu erfahren Sie zum Beispiel in *Small Talk auf Englisch für Dummies* (ebenfalls im Verlag Wiley-VCH erschienen).

### FYI: »chair«

Denken Sie auch an ein Sitzmöbel, wenn Sie das Wort **chair** (Stuhl) hören? Hier geht es aber nicht um einen Stuhl, sondern um eine Person:

- ✔ **chairman** (Vorsitzender)
- ✔ **chairwoman** (Vorsitzende)
- ✔ **chairperson** (*politisch korrekt:* Vorsitzende/r)
- ✔ **chair** (*kurz:* Vorsitzende/r)

Jetzt ist es an der Zeit, die **actual negotiations** (eigentliche Verhandlungen) zu eröffnen. Gelingt Ihnen das geschickt, ist auch der weitere Verlauf positiv.

Aktuelle Stunde: Passen Sie auf, wenn Sie das kleine Wörtchen »**actual**« verwenden:

- ✔ **actual** (eigentlich, tatsächlich)
- ✔ **current** (aktuell)
- ✔ **topical** (aktuell)
- ✔ **up-to-date** (aktuell, auf dem Laufenden)

Jetzt sind Sie **up-to-date**, oder?

Diese **tips** (Hinweise) und **example sentences** (Beispielsätze) können hilfreich sein:

- ✔ **Focus on the matter at hand.** (Konzentrieren Sie sich auf die vorliegende Sache.)
  - • **Now that we've been introduced to each other, I think we should begin.** (Nachdem wir uns jetzt kennengelernt haben, sollten wir anfangen.)
  - • **Let's begin, shall we?** (Können wir anfangen?)
  - • **I think we can start now.** (Ich glaube, dass wir jetzt anfangen können.)

Aller Anfang ist leicht. Besonders wenn es so viele Möglichkeiten gibt, das zum Ausdruck zu bringen:

- ✔ **to begin** (beginnen)
- ✔ **to start** (anfangen)
- ✔ **to open** (eröffnen)
- ✔ **to commence** (*förmlich:* anfangen)
- ✔ **to get down to business** (endlich anfangen)

Worauf warten Sie noch? **Get down to business!** (Fangen Sie endlich an!)

✔ **Make a concise and convincing opening statement.** (Machen Sie zu Beginn eine prägnante und überzeugende Aussage.)

- **The purpose of these negotiations is to…** (Der Anlass für diese Verhandlungen ist …)
- **We've come together to discuss…** (Wir sind zusammengekommen, um über … zu sprechen.)
- **The aim of our negotiations is…** (Das Ziel unserer Verhandlungen ist, …)

Denken Sie daran, sich vor den **negotiations** konkrete Ziele zu setzen. Mehr dazu erfahren Sie in Kapitel 2.

✔ **Clarify the procedure.** (Erläutern Sie die Vorgehensweise.)

- **We will proceed according to the plan we have agreed on.** (Wir werden nach dem vereinbarten Plan vorgehen.)
- **Before we do anything else, let us briefly go over our agenda.** (Lassen Sie uns zunächst kurz auf unsere Tagesordnung schauen.)
- **As you can see in the schedule, the next step will be…** (Wie Sie dem Zeitplan entnehmen können, wird der nächste Schritt … sein.)

Manche Prozeduren müssen Sie über sich ergehen lassen. Zum Glück ist das bei dem englischen Wort »**procedure**« nicht immer so:

- ✔ **procedure** (Vorgehensweise, Prozedere, Ablauf)
- ✔ **ordeal** (langwierige, unangenehme Prozedur)

**Same procedure as every year, James!** (So wie jedes Jahr, James!)

Bei den Verhandlungen mit den indischen Geschäftspartnern übernimmt Herr Hansen die Gesprächsführung.

Mr. Hansen: **Welcome to our negotiations. My name is Tom Hansen and I will chair our talks today. I believe we've all met, so we can start right away. Do you all agree with the agenda?**
Herzlich willkommen zu unseren Verhandlungen. Ich heiße Tom Hansen und werde heute unsere Gespräche leiten. Ich glaube, wir haben uns alle schon kennengelernt und können daher gleich beginnen. Stimmen alle der Tagesordnung zu?

Mr. Brown: **Yes, but I don't see any coffee breaks on the agenda.**
Ja, aber ich kann auf der Tagesordnung keine Kaffeepausen finden.

Ms. Singh: **We really should focus on the matter at hand. Wouldn't you agree?**
Wir sollten uns wirklich auf unser Thema konzentrieren. Finden Sie nicht auch?

Ms. Demir: **Yes, of course. We've come together to discuss our future business relations.**
Ja, natürlich. Wir sind zusammengekommen, um unsere zukünftigen Geschäftsbeziehungen zu besprechen.

Mr. Hansen: **Let's start right off with the first item on the agenda. If we make good progress, Chuck, we can have a break in an hour.**
Lassen Sie uns jetzt mit dem ersten Tagesordnungspunkt beginnen. Wenn wir gut vorankommen, Chuck, können wir in einer Stunde eine Pause machen.

## *Stating Opinions: Konfliktfreier Meinungsaustausch*

Vertreten Sie Ihre Meinung – aber richtig. Dazu bedarf es manchmal nur der richtigen Verpackung. Sehen Sie selbst, wie Sie mit ein paar einfachen **phrases** (Redewendungen) zum Verpackungskünstler werden:

✔ **I think that...** (Ich glaube, dass ...)

✔ **In my opinion,...** (Meiner Meinung nach ...)

✔ **It's my opinion that...** (Es ist meine Meinung, dass ...)

✔ **I am of the opinion that...** (Ich bin der Meinung, dass ...)

✔ **I agree.** (Ich stimme zu.) / **I disagree.** (Ich stimme nicht zu.)

Wenn Sie den Dialog zwischen Ihnen und Ihren Gesprächspartnern fördern wollen, hängen Sie am Ende des Satzes nicht wie im Deutschen ein **or** (oder) an. Unterstützen können Sie positive Aussagen wie folgt:

- ✔ **This is correct, isn't it?** (Das ist richtig, oder?)
- ✔ **We have enough time, don't we?** (AE; Wir haben genug Zeit, oder?)
- ✔ **We have got enough time, haven't we?** (BE; Wir haben genug Zeit, oder?)

Negative Aussagen werden so unterstützt:

- ✔ **This isn't correct, is it?** (Das ist nicht richtig, oder?)
- ✔ **We don't have enough time, do we?** (AE; Wir haben nicht genug Zeit, oder?)
- ✔ **We haven't got enough time, have we?** (BE; Wir haben nicht genug Zeit, oder?)

Die Zeit rennt aber mal wieder, oder?

Manchmal helfen auch sogenannte **downtoners** (Beruhigungssätze), um die eigene Sicht zu verdeutlichen und eventuelle Wogen zu glätten:

- ✔ **Let me put it this way:…** (Lassen Sie es mich so ausdrücken: …)
- ✔ **I'd like to point out that…** (Ich würde gern darauf hinweisen, dass …)
- ✔ **I think we should consider the following:…** (Ich glaube, wir sollten Folgendes berücksichtigen: …)
- ✔ **Let's not lose sight of the fact that…** (Lassen Sie uns nicht die Tatsache aus dem Auge verlieren, dass …)

Mehr zum Erreichen Ihrer Ziele und zu möglichen Zugeständnissen an die andere Seite erfahren Sie in den Kapiteln 6 und 7.

> ### FYI: »meaning«
> Äußern Sie Ihre Meinung. Vermeiden Sie dabei jedoch das englische Wort **meaning**. Sehen Sie selbst:
>
> ✔ **meaning** (Bedeutung)
> ✔ **opinion** (Meinung)
> ✔ **mean** (AE: gemein, BE: geizig)
>
> Die englische Sprache kann ganz schön gemein sein …

Fragen Sie Ihre Verhandlungspartner nach ihrer **opinion**, um eine Reaktion herbeizuführen. Diese Satzbausteine helfen Ihnen dabei:

✔ **What do you think?** (Was denken Sie?)
✔ **What's your opinion?** (Wie ist Ihre Meinung?)
✔ **Can you give us your thoughts on…?** (Was denken Sie über …?)
✔ **Let us have your opinion on…** (Was ist Ihre Meinung zu …?)
✔ **How about some feedback?** (Wie wäre es mit einer Rückmeldung?)

Fangen Sie Ihr **feedback** nicht mit »**I mean…**« an. Das hat im Englischen eine ganz andere Bedeutung:

✔ **Well, what I mean is…** (Was ich sagen wollte, ist …)
✔ **I think that…** (Ich glaube, dass …)

Was meinen Sie?

Frau Demir und Frau Sockhole sprechen mit Frau Singh über den ersten Tagesordnungspunkt: die Vertiefung der Geschäftsbeziehungen.

Ms. Demir: **In my opinion, our business connection needs to be intensified if we want to increase our market share.**
Meiner Meinung nach müssen unsere Geschäftsbeziehungen intensiviert werden, wenn wir unseren Marktanteil vergrößern wollen.

Ms. Sockhole: **I'd like to add that we would both profit from closer cooperation.**
Ich möchte hinzufügen, dass wir beide von einer engeren Zusammenarbeit profitieren würden.

Ms. Singh: **Let me put it this way: Before we take any steps, we need to know how this will affect our company.**
Lassen Sie es mich so ausdrücken: Bevor wir irgendwelche Schritte einleiten, müssen wir wissen, welche Auswirkungen das auf unsere Firma hat.

Ms. Demir: **I'm glad you said that. Let's clarify our positions.**
Es freut mich, dass Sie das gesagt haben. Lassen Sie uns unsere Positionen erläutern.

Ms. Singh: **I agree. I would like to begin.**
Ich stimme zu. Ich würde gern anfangen.

## Kleiner Wortschatz

| Englisch | Deutsch |
|---|---|
| initial stage | Anfangsphase |
| conference room | Konferenzraum |
| bargaining table | Verhandlungstisch |
| to introduce | vorstellen |
| actual | eigentlich, tatsächlich |
| to focus on | sich konzentrieren auf |
| purpose | Grund |
| to clarify | erläutern |
| to agree | zustimmen |
| agenda | Tagesordnung |
| schedule | Zeitplan |
| progress | Fortschritte |
| correct | richtig |
| to point something out | auf etwas hinweisen |
| feedback | Rückmeldung |
| cooperation | Zusammenarbeit |

# *The Main Stage:* 4
# *Mitten in den Verhandlungen*

> *In diesem Kapitel*
> ✔ Gesetzte Ziele geschickt ausdrücken
> ✔ Fragen richtig stellen
> ✔ Die Strategie des Zuhörens einsetzen

Sie sind mitten im Spiel – in der **main stage** (Hauptphase) der **negotiations**. Damit die Gespräche mit Ihren Verhandlungspartnern nicht zu einem **slugfest** (Schlagabtausch) werden, erfahren Sie in diesem Kapitel mehr dazu, wie Sie **proposals** (Vorschläge) und **questions** (Fragen) so ausdrücken, dass sie Sie zum Ziel führen. Darüber hinaus lernen Sie nützliche Sätze kennen, die Ihr Gegenüber zum Sprechen animieren. Denn in vielen Situationen bietet es sich an, einfach gut zuzuhören. Sie wissen ja: **Silence is golden.** (Schweigen ist Gold.)

## *Making Proposals:*
## *Ziele mit Argumenten erreichen*

Nur wer seine Argumente gut strukturiert vorbringt, kann seine Verhandlungsziele erreichen. Diese Verben helfen Ihnen dabei:

✔ **to suggest** (anregen, vorschlagen)

✔ **to propose** (vorschlagen)

✔ **to recommend** (empfehlen)

- ✔ **to have something in mind** (eine Idee haben)
- ✔ **to put something forward** (*förmlich:* etwas vorschlagen)

Auch diese **phrases** sind nützlich:

- ✔ **to make a suggestion** (etwas anregen)
- ✔ **to make a proposal** (einen Vorschlag machen)
- ✔ **to make a recommendation** (eine Empfehlung abgeben)

Immer höflich bleiben. Statt des Wortes »**want**« empfiehlt es sich, lieber diese Ausdrücke zu verwenden:

- ✔ **I would like to suggest that…** (Ich schlage vor, dass …)
- ✔ **I would like to make a proposal.** (Ich möchte gern einen Vorschlag machen.)
- ✔ **May I make the following recommendation?** (Darf ich folgende Empfehlung abgeben?)

Sind Sie dafür oder dagegen? Um die **negotiations** voranzubringen, sollten Sie Stellung beziehen. So drücken Sie **agreement** (Zustimmung) aus:

- ✔ **I agree to your proposal.** (Ich stimme Ihrem Vorschlag zu.)
- ✔ **I am in favor of your idea.** (Ich befürworte Ihre Idee.)
- ✔ **We support your recommendation.** (Wir unterstützen Ihre Empfehlung.)
- ✔ **We are of the same opinion on that.** (Wir stimmen in dieser Sache überein.)
- ✔ **Hear, hear!** (Ich stimme zu, *wörtlich:* Höre, höre!)

> **FYI: »objection«**
>
> **Objection, your honor.** (Einspruch, Euer Ehren.) Sie sind dagegen? Schauen Sie sich einmal diese **phrases** an:
>
> ✔ **to have an objection** (einen Einwand haben)
> ✔ **to make an objection** (einen Einwand äußern)
> ✔ **to raise an objection** (einen Einwand vorbringen)
>
> Am einfachsten ist es jedoch, wenn Sie keine Einwände haben:
>
> ✔ **I have no objections.** (Ich habe keine Einwände.)

Mit diesen Sätzen bringen Sie zum Ausdruck, dass Sie nicht zustimmen können:

✔ **Unfortunately we can't agree to that.** (Leider können wir dem nicht zustimmen.)

✔ **I'm sorry, but I disagree.** (Es tut mir leid, aber ich stimme nicht zu.)

✔ **I'm afraid we are unable to agree to your proposal.** (Ich befürchte, dass wir Ihrem Vorschlag nicht zustimmen können.)

✔ **Unfortunately, your suggestion does not meet with our approval.** (Leider findet Ihre Anregung nicht unsere Zustimmung.)

**Regrets only.** (Nur bei Absagen – so steht es häufig in Einladungen zu Feiern.) Diese Wörter oder Redewendungen können Sie verwenden, um Ihre Einwände einzuleiten:

- **regrettably** (leider)
- **unfortunately** (leider)
- **I'm sorry, but…** (Es tut mir leid, aber …)
- **I'm afraid that…** (Ich befürchte, dass …)

Es wird Ihnen nicht leid tun, diese Wörter zu verwenden.

Halten Sie die **idea** (Idee) oder **position** (Standpunkt) Ihrer Verhandlungspartner für annehmbar, wollen aber trotzdem noch etwas Bewegung in die Sache bringen? Versuchen Sie es mit diesen Sätzen:

- **I like your idea, but I would change one or two things.** (Ich mag Ihre Idee, würde jedoch ein oder zwei Dinge ändern.)
- **Your proposal sounds good to me. Perhaps we could add…** (Ihr Vorschlag klingt gut. Vielleicht könnten wir … hinzufügen.)
- **I think the price is acceptable, however,…** (Ich glaube, dass der Preis akzeptabel ist. Allerdings …)
- **I agree with your suggestion. But let's have another look at…** (Ich stimme Ihrer Anregung zu. Aber lassen Sie uns … noch einmal betrachten.)

Mehr zum Thema »Zugeständnisse« finden Sie in Kapitel 7.

Rabat ist eine Stadt in Marokko. Nicht nur deshalb sollten Sie auf Ihre Wortwahl achtgeben:

- ✔ **discount** (Rabatt)
- ✔ **rebate** (Rückvergütung)

Beides wirkt sich positiv auf Ihren Geldbeutel aus.

 Die Verhandlungen zwischen Herrn Hansen und den indischen Geschäftspartnern sind in vollem Gange. Herr Hansen macht einen Vorschlag.

| | |
|---|---|
| Mr. Hansen: | **I'd like to make a proposal. Let's consider optimizing our energy-saving measures.** Ich würde gern einen Vorschlag machen. Lassen Sie uns darüber nachdenken, unsere Energiesparmaßnahmen zu verbessern. |
| Ms. Singh: | **I like your idea, but wouldn't it have a negative influence on the annual balance of both our companies?** Mir gefällt Ihre Idee, aber würde das nicht einen negativen Einfluss auf die Jahresbilanz unserer beiden Firmen haben? |
| Ms. Sockhole: | **Maybe initially. Consider the long-term effects. We would reach the break-even point in only three years.** Vielleicht zu Anfang. Bedenken Sie die langfristigen Auswirkungen. Wir würden den Break-even-Punkt nach nur drei Jahren erreichen. |
| Ms. Demir: | **I've prepared a chart to demonstrate the figures.** Ich habe ein Diagramm vorbereitet, um die Zahlen zu veranschaulichen. |

| Ms. Singh: | **I would need a bit of time to go over this new information.** |
|---|---|
| | Ich hätte gern etwas Zeit, um diese neuen Informationen zu prüfen. |
| Mr. Brown: | **That makes sense. Let's talk about it over lunch.** |
| | Da haben Sie recht. Lassen Sie uns beim Mittagessen darüber reden. |

## *Asking Questions: Zielgerichtet fragen*

**That's a good question.** (Das ist eine gute Frage.) Wenn Sie das von Ihrem Verhandlungspartner hören, braucht er Zeit zum Nachdenken. Eine solche Reaktion können Sie mit verschiedenen **question types** (Fragearten) hervorrufen:

✔ **yes-/no-questions** (Ja/Nein-Fragen)

- **Do you agree to our proposal?** (Stimmen Sie unserem Vorschlag zu?)
- **Would you consider this an option?** (Würden Sie das als Möglichkeit in Betracht ziehen?)
- **Can we come to an agreement on this?** (Können wir in dieser Sache zu einer Übereinkunft kommen?)

Ja, aber ... Sie dachten gerade, dass Sie am Ziel angekommen waren. Aber da ist sie schon wieder: die kleine Einschränkung. Von dieser Sorte gibt es mehrere:

✔ **Yes, but...** (Ja, aber ...)

✔ **Yes, however,...** (Ja, allerdings ...)

✔ **Yes, except that...** (Ja, es sei denn ...)

Natürlich können Sie diese Redewendungen auch mit »**no**« beginnen.

Mit diesen Fragetypen kommen Sie schneller ans Ziel:

✔ **what-questions** (Was-Fragen)

- **What would you like to add?** (Was möchten Sie hinzufügen?)
- **What are you prepared to offer?** (Was sind Sie bereit anzubieten?)
- **What are your terms for delivery?** (Was sind Ihre Lieferbedingungen?)
- **What can you tell us about the payment terms?** (Was können Sie uns über die Zahlungsbedingungen sagen?)

Sie haben die Wahl. In diesem Fall verwenden Sie das Fragewort »**which**«:

- ✔ **Which of the options do your prefer?** (Welche der Möglichkeiten bevorzugen Sie?)
- ✔ **Which proposal sounds best?** (Welcher der Vorschläge hört sich am besten an?)
- ✔ **Which suggestion meets with your approval?** (Welche der Anregungen findet Ihre Zustimmung?)

✔ **how-questions** (Wie-Fragen)

- **How many units can you deliver by next month?** (Wie viele Einheiten können Sie bis nächsten Monat liefern?)
- **How much time do you need?** (Wie viel Zeit brauchen Sie?)

- **How often does the XL2000 have to be serviced?** (Wie oft muss der XL2000 gewartet werden?)
- **How do you plan to reach your long-term goal?** (Wie wollen Sie Ihr langfristiges Ziel erreichen?)

✔ **feedback questions** (Fragen nach Rückmeldungen)

- **Where do you stand on this?** (Was ist Ihr Standpunkt in dieser Sache?)
- **What is your position on this?** (Was ist Ihr Standpunkt in dieser Sache?)
- **Are you in agreement with this?** (Können Sie dem zustimmen?)

Mehr zu Rückmeldungen erfahren Sie in Kapitel 3.

Während des Mittagessens werden die Verhandlungen fortgeführt. Frau Singh hat einige Fragen.

| | |
|---|---|
| Ms. Singh: | **What can you tell me about the energy-saving measures?** <br> Was können Sie mir über die Energiesparmaßnahmen sagen? |
| Ms. Demir: | **Basically, our chart shows that we can save a considerable amount of resources during the production process.** <br> Unser Diagramm zeigt, dass wir während des Produktionsprozesses beträchtliche Ressourcen sparen können. |
| Ms. Singh: | **Can the measures be implemented this year?** <br> Können die Maßnahmen in diesem Jahr umgesetzt werden? |

Mr. Hansen: **Yes, but that means that we need to start soon.**
Ja, aber das bedeutet, dass wir bald anfangen müssen.
Ms. Singh: **How much more time do we have?**
Wie viel Zeit haben wir noch?
Mr. Hansen: **I think three months is a reasonable time frame.**
Ich glaube, dass drei Monate ein vertretbarer Zeitraum sind.
Mr. Brown: **Is anyone having dessert?**
Möchte irgendjemand Nachtisch?

## *Learning to Listen: Der Gegenseite zuhören*

**Be a good listener.** (Seien Sie ein guter Zuhörer.) Aber nicht nur das: Bringen Sie auch zum Ausdruck, dass Sie der **opposing party** zuhören. Wenn Sie mehr als nur »**mh-hm**« sagen wollen, benutzen Sie diese Sätze:

- ✔ **Go on. I'm listening.** (Fahren Sie fort. Ich höre Ihnen zu.)
- ✔ **Please continue.** (Bitte fahren Sie fort.)
- ✔ **Go ahead.** (Nur zu.)

> *FYI: »hear« vs. »listen«*
> **Hear, hear.** Benutzen Sie Ihre Ohren. Zum Beispiel dazu:
>
> - ✔ **to hear** (hören, verstehen)
>   - **I can't hear you. Please speak louder.** (Ich kann Sie nicht verstehen. Bitte sprechen Sie lauter.)

- ✔ **to listen** (zuhören)
  - **I'm listening.** (Ich höre Ihnen zu.)
- ✔ **to catch** (aufschnappen, verstehen)
  - **Sorry, I didn't catch your name.** (Entschuldigen Sie, aber ich habe Ihren Namen nicht verstanden.)

Haben Sie gut zugehört? Dann haben Sie sicherlich nichts überhört. Im Englischen sollten Sie doppelt aufpassen:

- ✔ **to overhear** (zufällig mitbekommen)
- ✔ **to not hear something** (etwas überhören)

Mehr über Zuhören und Nachfragen erfahren Sie in Kapitel 6.

### Kleiner Wortschatz

| Englisch | Deutsch |
| --- | --- |
| main stage | Hauptphase |
| agreement | Zustimmung, Vereinbarung |
| objection | Einwand |
| acceptable | akzeptabel |
| long-term | langfristig |
| break-even point | Break-even |
| profit margin | Gewinnspanne |
| payment terms | Zahlungsbedingungen |
| option | Möglichkeit |
| production process | Produktionsprozess |
| to implement | umsetzen |
| reasonable | vertretbar |

# *Happy Ending:* 5
# *Ende gut, alles gut*

> *In diesem Kapitel*
> ✔ Missverständnisse aus dem Weg räumen
> ✔ Positionen und Entscheidungen zum Ausdruck bringen
> ✔ Bei Bedarf Entscheidungen vertagen

Das Spiel neigt sich dem Ende zu – Sie sind in der **final stage** der **negotiations**. Jetzt geht es darum, Ihre **position** deutlich zu vermitteln. Dieses Kapitel nennt Ihnen Redewendungen, die Sie und die **opposing party** ohne Missverständnisse zur Entscheidungsfindung führen. Darüber hinaus erfahren Sie mehr dazu, wie Sie die getroffenen **decisions** (Entscheidungen) zum Ausdruck bringen. Wenn es sein muss, können **decisions** auch vertagt werden. Einige Möglichkeiten, wie Sie das Ihren Verhandlungspartnern mitteilen, finden Sie ebenfalls hier. Wollen Sie dieses Kapitel lesen? **It's up to you.** (Es ist Ihre Entscheidung.)

## *Clarifying: Positionen klar darstellen*

**Express yourself clearly.** (Drücken Sie sich klar aus.) In einer anderen Sprache ist das nicht immer einfach. So kommt es vielleicht einmal zu einem **misunderstanding** (Missverständnis). Kein Beinbruch, wenn Sie gleich darauf hinweisen:

✔ **I'm not sure I understood you just now.** (Ich bin mir nicht sicher, ob ich Sie gerade richtig verstanden habe.)

- ✔ **Could you explain that, please?** (Könnten Sie das bitte erklären?)
- ✔ **Would you mind repeating that?** (Würden Sie das bitte wiederholen?)

Mehr zum Umgang mit Unterbrechungen erfahren Sie in Kapitel 6.

 Besteht Grund zur Klärung? Dann verwenden Sie diese Verben:

- ✔ **to clarify** (klarstellen)
- ✔ **to clear up** (aufklären)
- ✔ **to explain** (erklären)
- ✔ **to shed light on something** (aufklären, Aufschluss geben über etwas, *wörtlich:* Licht auf etwas werfen)
- ✔ **to spell something out** (etwas klarmachen, *wörtlich:* etwas buchstabieren)

Alles klar?

---

### FYI: »mis-«

Hillary Clinton soll als **secretary of state** (US-Außenministerin) einmal gesagt haben: »**I misspoke.**« (Ich habe mich falsch ausgedrückt.) Mehr Gelegenheiten, »**mis-**« zu verwenden, finden Sie hier:

- ✔ **to misunderstand** (missverstehen)
- ✔ **to misinterpret** (missdeuten)
- ✔ **to misjudge** (falsch einschätzen)
- ✔ **to mismanage** (schlecht handhaben)

Alles irgendwie schlecht. Machen Sie es besser!

Manchmal hilft es, das eben Gesagte anders auszudrücken. Mit diesen Verben weisen Sie darauf hin:

- ✔ **to rephrase** (anders ausdrücken)
- ✔ **to express differently** (anders ausdrücken)
- ✔ **to reword** (umformulieren)
- ✔ **to put in other words** (mit anderen Worten sagen)

In Sätze verpackt sieht das dann so aus:

- ✔ **Let me rephrase our proposal.** (Lassen Sie mich unseren Vorschlag anders ausdrücken.)
- ✔ **I think we need to express this differently.** (Ich glaube, dass wir das anders ausdrücken müssen.)
- ✔ **Perhaps this should be reworded.** (Vielleicht sollte das umformuliert werden.)
- ✔ **Put in other words, this means that we have an agreement.** (Mit anderen Worten heißt das, dass wir übereinstimmen.)

Auch diese **phrases** könnten Ihnen weiterhelfen, wenn es einmal zu einem **misunderstanding** gekommen ist:

- ✔ **What I wanted to say is…** (Was ich sagen wollte, ist …)
- ✔ **What I am trying to say is…** (Was ich sagen will, ist …)
- ✔ **Maybe I expressed myself badly.** (Vielleicht habe ich mich schlecht ausgedrückt.)

Um Konfrontationen zu vermeiden, können Sie diese Wörter in Ihren Sätzen verwenden:

- ✔ **perhaps** (vielleicht)
- ✔ **possibly** (möglicherweise)
- ✔ **maybe** (vielleicht)

**That may be a good idea.** (Das könnte eine gute Idee sein.)

Drücken Sie sich deutlich aus – vielleicht mit diesen Verben, die Ihrer Aussage Nachdruck verleihen:

- ✔ **to emphasize** (deutlich machen)
- ✔ **to stress** (betonen)
- ✔ **to underline** (unterstreichen)
- ✔ **to highlight** (hervorheben)

In diesen Beispielen finden Sie die Verben wieder:

- ✔ **I would like to emphasize the following.** (Ich würde gern Folgendes deutlich machen.)
- ✔ **Let me stress that these terms are unacceptable.** (Ich möchte betonen, dass diese Bedingungen inakzeptabel sind.)
- ✔ **We wish to underline the urgency of the matter.** (Wir möchten die Dringlichkeit dieser Angelegenheit unterstreichen.)
- ✔ **This diagram highlights the importance of the energy-saving measures.** (Dieses Diagramm hebt die Bedeutung der Energiesparmaßnahmen hervor.)

Nach dem Mittagessen sind beide Seiten an den Verhandlungstisch zurückgekehrt. Die letzte Phase der Verhandlungen beginnt.

| | |
|---|---|
| Ms. Singh: | **Before we go on, I'd like you to clarify one point for me. Perhaps I misunderstood the implementation process.** <br> Bitte stellen Sie eine Sache für mich klar, bevor wir fortfahren. Vielleicht habe ich da etwas über die Umsetzung missverstanden. |
| Mr. Hansen: | **Maybe I expressed myself badly the first time. Our experts would install the equipment in your facilities at no extra charge.** <br> Vielleicht habe ich mich beim ersten Mal schlecht ausgedrückt. Unsere Experten würden die Einrichtung in Ihren Gebäuden ohne weitere Kosten für Sie vornehmen. |
| Ms. Sockhole: | **I would like to emphasize that this is an opportunity you should not pass up.** <br> Ich möchte deutlich machen, dass das eine Gelegenheit ist, die Sie sich nicht entgehen lassen sollten. |
| Ms. Singh: | **This will certainly influence our decision-making process.** <br> Das wird auf jeden Fall unsere Entscheidungsfindung beeinflussen. |

## *Making Decisions: Entscheidungen treffen*

Es ist an der Zeit, eine Entscheidung zu treffen. Nachdem Sie Ihre **position** dargestellt haben, können Sie mit diesen Redewendungen eine **decision** herbeiführen:

- ✔ **to decide on something** (etwas entscheiden)
- ✔ **to make a decision** (eine Entscheidung treffen)
- ✔ **to reach a decision** (zu einer Entscheidung kommen)
- ✔ **to come to a decision** (zu einer Entscheidung kommen)
- ✔ **to arrive at a decision** (zu einer Entscheidung kommen)

Zwischen amerikanischem und britischem Englisch gibt es einen Unterschied bei der Entscheidungsfindung. Sehen Sie selbst:

- ✔ **to make a decision** (AE/BE: eine Entscheidung treffen)
- ✔ **to take a decision** (BE: eine Entscheidung treffen)

Treffen Sie die richtige Entscheidung!

Finden Sie auch, dass es an der Zeit ist, zu einer Entscheidung zu kommen? So signalisieren Sie das Ihren Mitstreitern am **bargaining table**:

- ✔ **I think it's time to decide on this item on the agenda.** (Ich glaube, dass es an der Zeit ist, diesen Tagesordnungspunkt zu entscheiden.)
- ✔ **Let's make a decision.** (Lassen Sie uns eine Entscheidung treffen.)
- ✔ **I suggest we try to reach a decision.** (Ich schlage vor, dass wir versuchen, zu einer Entscheidung zu kommen.)
- ✔ **Can we come to a decision?** (Können wir zu einer Entscheidung kommen?)

> ### FYI: »agreement«
> 
> Am Ende der **negotiations** möchten Sie zu einer Übereinkunft kommen. So verpacken Sie das im Englischen:
> 
> ✔ **to come to an agreement** (zu einer Übereinkunft kommen)
> 
> ✔ **to reach an agreement** (zu einer Übereinkunft kommen)
> 
> ✔ **to sign an agreement** (eine Vereinbarung unterschreiben)
> 
> Mehr zu **agreements** und **disagreements** erfahren Sie in Kapitel 4.

Es bietet sich an, die **main points** der **negotiations** vor der Entscheidung noch einmal zusammenzufassen. So können alle die Ergebnisse noch einmal verinnerlichen:

✔ **Let's try to summarize the main points.** (Lassen Sie uns die wichtigsten Punkte zusammenfassen.)

✔ **To sum up, we've agreed on the following.** (Zusammengefasst haben wir uns auf Folgendes geeinigt.)

✔ **Here is a summary of the points we've agreed on.** (Hier nun eine Zusammenfassung der Punkte, auf die wir uns geeinigt haben.)

Jetzt geht es ans Eingemachte. Sie wollen Ihre Übereinkunft schriftlich fixieren. Diese Formen bieten sich an:

- **agreement** (Vereinbarung)
- **contract** (Vertrag)
- **treaty** (Abkommen, Staatsvertrag)

Auch wenn es nicht immer ein Staatsvertrag ist, sollten Sie die Ergebnisse zu Papier bringen. Mit diesen Redewendungen bringen Sie das zum Ausdruck:

- **Now that we've reached an agreement, we can draft the contract.** (Da wir uns einig sind, können wir den Vertrag aufsetzen.)
- **Let's write up the terms of the contract.** (Lassen Sie uns die Vertragsbedingungen schriftlich festhalten.)
- **I'll have our legal department draw up the contract.** (Ich werde veranlassen, dass unsere Rechtsabteilung den Vertrag aufsetzt.)

Achtung Verletzungsgefahr! Diese Dinge sollten Sie mit **contracts** lieber nicht machen:

- **to break a contract** (einen Vertrag brechen)
- **to breach a contract** (einen Vertrag brechen)
- **to violate a contract** (einen Vertrag verletzen)

> ### FYI: »paper«
> Seien Sie ehrlich: Am liebsten würden Sie den ganzen Papierkram den anderen überlassen. Diese Wörter mit **»paper«** könnten für Sie interessant sein:
>
> ✔ **paperwork** (Formalitäten, Schreibkram)
> ✔ **paper-pusher** (Bürohengst)
> ✔ **paper trail** (belastende Unterlagen)
>
> **Don't leave a paper trail.** (Hinterlassen Sie keine belastenden Unterlagen.)

 Die Verhandlungen mit den indischen Geschäftspartnern gehen dem Ende zu. Eine Entscheidung steht bevor.

| | |
|---|---|
| Mr. Hansen: | **What do you think, Ms. Singh? Can we come to a decision at this point?** <br> Was denken Sie, Frau Singh? Können wir jetzt zu einer Entscheidung kommen? |
| Ms. Singh: | **Yes. Now that you've summarized the main points I have no further questions.** <br> Ja. Da Sie nun die wichtigsten Punkte zusammengefasst haben, habe ich keine weiteren Fragen. |
| Mr. Hansen: | **So we have a deal.** <br> Also sind wir im Geschäft. |
| Ms. Singh: | **Agreed.** <br> Genau. |

Mr. Hansen: **I'll have the legal department draw up the contract and send it to you as soon as possible.**
Ich werde veranlassen, dass unsere Rechtsabteilung den Vertrag aufsetzt und Ihnen so bald wie möglich zukommen lässt.

## *Adjourning: Entscheidungen vertagen*

Manchmal müssen Sie Entscheidungen hinauszögern. Egal, ob es gerade nicht so läuft, wie Sie sich es vorgestellt haben, oder ob Sie die Verzögerung als taktisches Spielchen einsetzen – mit diesen Redewendungen erreichen Sie eine Spielpause:

✔ **to postpone the negotiations** (die Verhandlungen verschieben)

✔ **to hold off the negotiations** (die Verhandlungen aussetzen)

✔ **to delay a decision** (eine Entscheidung hinauszögern)

✔ **to defer a decision** (*förmlich:* eine Entscheidung hinausschieben)

Benutzen Sie diese Sätze, um eine Verzögerung einzuleiten:

✔ **I'm afraid we'll have to postpone the negotiations until next month.** (Ich befürchte, dass wir die Verhandlungen auf nächsten Monat verschieben müssen.)

✔ **It's necessary to delay our decision until we have further information.** (Wir müssen unsere Entscheidung verschieben, bis wir weitere Informationen haben.)

✔ **Let's defer a decision until we have discussed this matter thoroughly.** (Lassen Sie uns eine Entscheidung hinausschieben, bis wir diesen Punkt gründlich besprochen haben.)

 Brauchen Sie noch Informationen? Diese ist für Sie nützlich: Benutzen Sie das Wort »**information**« nicht im Plural. Das funktioniert im Englischen nicht. Verwenden Sie stattdessen:

✔ **information** (Information)

✔ **some information** (einige Informationen)

Sie können auch einen Mengenausdruck benutzen:

✔ **a piece of information** (eine Information)

✔ **two pieces of information** (zwei Informationen)

Aus welchem Grund auch immer Sie vertagen wollen oder müssen – diese Sätze helfen Ihnen dabei:

✔ **Let's adjourn for lunch.** (Lassen Sie uns bis nach der Mittagspause vertagen.)

✔ **The negotiations have been adjourned until next week.** (Die Verhandlungen sind auf nächste Woche vertagt worden.)

✔ **I think it's time for an adjournment.** (Ich glaube, dass es Zeit für eine Unterbrechung ist.)

Lassen Sie uns die Verhandlungen vertagen – aber nur bis zum nächsten Teil dieses Buches.

## Kleiner Wortschatz

| Englisch | Deutsch |
|---|---|
| decision | Entscheidung |
| to explain | erklären |
| to repeat | wiederholen |
| misunderstanding | Missverständnis |
| unacceptable | inakzeptabel |
| urgency | Dringlichkeit |
| main point | wichtiger Punkt |
| to summarize | zusammenfassen |
| summary | Zusammenfassung |
| agreement | Vereinbarung, Zustimmung |
| necessary | notwendig |

# Teil III
# Dealing with Difficulties: Umgang mit schwierigen Situationen

## *In diesem Teil ...*

Dieser Teil ist der **mediator** (Vermittler) zwischen Ihnen und der **opposing party** (Gegenseite). Er hilft Ihnen immer dann, wenn Sie die Wogen glätten wollen, denn mit den Redewendungen und Sätzen, die Sie hier finden, bekommen Sie schwierige Gesprächssituationen schnell wieder in den Griff. Wenn Sie dann noch mit den Beispielen aus diesem Teil einen tragbaren **compromise** (Kompromiss) finden, ist allen Seiten geholfen. Das kann aber nur geschehen, wenn Sie wissen, welche **negotiation strategies** (Verhandlungsstrategien) internationale Verhandlungspartner anwenden. Daher erhalten Sie im letzten Kapitel dieses Teils einen Einblick in die Verhandlungen mit Europäern, Nordamerikanern und Asiaten. Und weil Kommunikation nicht immer nur mit Worten erfolgt, lernen Sie gleich noch etwas über internationale Gepflogenheiten bei der **body language** (Körpersprache). Kurzum: **Don't skip this part!** (Überspringen Sie diesen Teil nicht!)

---

\* »Werden Sie jetzt nicht nervös. Dieser Typ soll einen Riesenvogel haben, aber lassen Sie sich nicht vom ihm einschüchtern.«

# *Avoiding Arguments:* 6
# *Die Kunst der Diplomatie*

> *In diesem Kapitel*
> ✔ Behutsam ins Gespräch eingreifen
> ✔ Mit schwierigen Gesprächssituationen umgehen
> ✔ Gespräche in die richtige Richtung lenken

Keiner mag gern unterbrochen werden. Manchmal ist es jedoch notwendig, in den Spielzug der **opposing party** einzugreifen. Dieses Kapitel zeigt Ihnen, wie Sie das tun können, ohne dabei **impolite** (unhöflich) zu wirken. Und auch wenn die Gemüter einmal erhitzt sind, sollten Sie einen kühlen Kopf bewahren. Hier finden Sie Redewendungen, um das zu zeigen. Sie erhalten auch noch einen **crash course** (Schnellkurs) in Gesprächsführung. **Lead the way!** (Geben Sie die Richtung vor!)

## *How to Interrupt Politely:*
## *Unterbrechen und unterbrochen werden*

**Do not disturb!** (Bitte nicht stören!) Dieser Grundsatz lässt sich bei **negotiations** nicht immer anwenden, denn es geht schließlich um einen Meinungsaustausch. Wenn Sie einen Geistesblitz haben oder etwas nicht verstehen, können Sie unterbrechen. Seien Sie dabei aber **polite** (höflich):

✔ **Sorry to interrupt, but…** (Entschuldigen Sie die Unterbrechung, aber …)
✔ **May I please interrupt?** (Darf ich kurz unterbrechen?)

- ✔ **Excuse the interruption, but...** (Entschuldigungen Sie bitte die Unterbrechung, aber ...)
- ✔ **I dislike interrupting, however,...** (Ich unterbreche ungern, jedoch ...)

Mehr zum höflichen Umgang mit Ihren Verhandlungspartnern erfahren Sie in den Kapiteln 4 und 5. Als Reaktion bieten sich dann diese Redewendungen an:

- ✔ **Yes, of course.** (Ja, natürlich.)
- ✔ **Sure, go ahead.** (Natürlich, legen Sie los.)
- ✔ **Just a second, please. I'm almost done.** (Einen Augenblick, bitte. Ich bin fast fertig.)
- ✔ **Can your question wait until we're finished?** (Kann Ihre Frage warten, bis wir fertig sind?)

**Just say no!** (Sagen Sie einfach Nein!) Dieser Slogan einer Anti-Drogen-Kampagne lässt sich bei **negotiations** eher schlecht anwenden. Seien Sie **polite** und fügen Sie diese Elemente hinzu:

- ✔ **May I interrupt? – Sorry, not just yet.** (Darf ich unterbrechen? – Es tut mir leid, jetzt noch nicht.)
- ✔ **Can we take a break? – Yes, in a few minutes.** (Können wir eine Pause machen? – Ja, in ein paar Minuten.)
- ✔ **Shall we break for lunch? – How about in half an hour?** (Wollen wir eine Mittagspause machen? – In einer halben Stunde?)

✔ **Should we adjourn until tomorrow? – No. I think we need to finish this first.** (Sollen wir auf morgen vertagen? – Nein. Ich glaube, dass wir das zuerst zu Ende bringen müssen.)

Wenn Sie eine Pause einlegen wollen oder auf Störungen eingehen müssen, helfen Ihnen diese Sätze:

✔ **I think it's time for a break.** (Ich glaube, dass es Zeit für eine Pause ist.)

✔ **Why don't we take a short break?** (Lassen Sie uns eine kurze Pause machen.)

✔ **Let's adjourn until tomorrow.** (Wir vertagen auf morgen.)

✔ **Let's call it a day.** (Lassen Sie uns zum Ende kommen.)

---

### FYI: »break«

Sie kennen es aus der Fernsehwerbung für einen bekannten Schokoriegel: »**Have a break!**« (Machen Sie mal Pause!) Im Englischen gibt es unterschiedliche Unterbrechungen:

✔ **break** (Pause)

✔ **pause** (Unterbrechung)

✔ **recess** (AE: Schulpause)

✔ **interruption** (Störung)

Bitte entschuldigen Sie die Störung – weiter im Text.

Herr Hansen und Frau Singh sind mitten im Gespräch. Herr Brown unterbricht die beiden.

| | |
|---|---|
| Mr. Hansen: | **I believe the energy-saving measures present a great opportunity for both of us.**<br>Ich glaube, dass die Energiesparmaßnahmen gute Möglichkeiten für uns beide eröffnen. |
| Mr. Brown: | **I dislike interrupting, but don't you think it's time for a break?**<br>Ich unterbreche ungern, aber glauben Sie nicht, dass es Zeit für eine Pause ist? |
| Ms. Singh: | **Not just yet. I suggest we take a break in 15 minutes.**<br>Noch nicht. Ich schlage vor, dass wir in 15 Minuten eine Pause machen. |
| Mr. Brown: | **That's a good idea.**<br>Das ist eine gute Idee. |
| Mr. Hansen: | **As I was saying,…**<br>Wie ich gerade gesagt habe, … |

## *Staying Cool: Die Beherrschung nicht verlieren*

**Strong opinions sometimes need strong words.** (Feste Überzeugungen bedürfen manchmal starker Worte.) Passen Sie auf, dass Ihr Meinungsaustausch nicht zu einem Schlagabtausch wird. Vielleicht bietet sich dann eine **break** an – mehr dazu erfahren Sie weiter vorn in diesem Kapitel. Wenn Sie keine Pause machen können, helfen Ihnen vielleicht diese beruhigenden Sätze, um das Gespräch wieder in den Griff zu bekommen:

- ✔ **Maybe we should give this some more thought.** (Vielleicht sollten wir noch einmal darüber nachdenken.)
- ✔ **I think we need to calm down here.** (Ich glaube, dass wir Ruhe bewahren sollten.)
- ✔ **Let's not lose our composure.** (Lassen Sie uns nicht die Beherrschung verlieren.)
- ✔ **Let's try to keep cool.** (Lassen Sie uns ruhig bleiben.)
- ✔ **Take it easy!** (Immer mit der Ruhe!)

Es versteht sich von selbst, dass Sie als **professional** (Profi) auch ein professionelles Gespräch führen. Selbst wenn es einmal hoch hergeht, sollten Sie unter anderem diese Themen nicht einbringen:

- ✔ **nationality issues** (Dinge, die die Nationalität betreffen)
- ✔ **outer appearance** (äußeres Erscheinungsbild)
- ✔ **gender** (Geschlecht)
- ✔ **religion** (Religion)

Vielleicht müssen Sie als **mediator** (Schlichter) eingreifen – mit diesen Sätzen bieten Sie an, die Gesprächsführung zu übernehmen:

- ✔ **Maybe I can be of assistance here.** (Vielleicht kann ich hier helfen.)
- ✔ **Perhaps I can help.** (Vielleicht kann ich helfen.)
- ✔ **I have an idea. Why don't you…** (Ich habe eine Idee. Warum machen Sie es nicht so: …)

> ### FYI: »peacemaker«
>
> Haben Sie das Bedürfnis, **referee** (Schiedsrichter) zu sein? In diesen Rollen werden Sie zum **peacemaker** (Friedensstifter):
>
> - ✔ **intermediary** (Vermittler)
> - ✔ **arbitrator** (Vermittler)
> - ✔ **mediator** (Schlichter)
>
> Begraben Sie das Kriegsbeil und holen Sie die **peace pipe** (Friedenspfeife) heraus. Passen Sie dabei aber auf, dass im **conference room** keine **smoke detectors** (Rauchmelder) installiert sind.

In der Rolle des **peacemaker** ist es nun an Ihnen, das Gespräch zu lenken. Dazu brauchen Sie diese Redewendungen:

- ✔ **Please let him finish talking.** (Bitte lassen Sie ihn ausreden.)
- ✔ **Let's hear her out.** (Lassen wir sie ausreden.)
- ✔ **One after the other, please.** (Einer nach dem anderen bitte.)
- ✔ **It's your turn now.** (Jetzt sind Sie an der Reihe.)

 In den Verhandlungen hat sich zwischen Herrn Hansen und Frau Singh eine verfahrene Situation entwickelt. Frau Sockhole greift schlichtend ein.

| | |
|---|---|
| Ms. Singh: | **I'm afraid I can't agree.** |
| | Ich befürchte, ich kann dem so nicht zustimmen. |
| Mr. Hansen: | **Let's both try to be reasonable.** |
| | Lassen Sie uns versuchen, sachlich zu sein. |
| Ms. Sockhole: | **Maybe I can be of assistance here. We should give this some more thought. Ms. Singh, would you please restate your position?** |
| | Vielleicht kann ich hier helfen. Wir sollten noch einmal darüber nachdenken. Frau Singh, würden Sie Ihre Position noch einmal zum Ausdruck bringen? |
| Ms. Singh: | **Gladly. I believe we need much more time.** |
| | Gern. Ich glaube, dass wir erheblich mehr Zeit brauchen. |
| Ms. Sockhole: | **It's your turn now, Tom.** |
| | Jetzt sind Sie an der Reihe, Tom. |

## *Back to the Point: Einlenken leicht gemacht*

Haben Sie das Gefühl, dass es nicht wirklich vorangeht? Machen Sie den ersten Schritt und lenken Sie ein. Wenn es darum geht, einen **time frame** (zeitlicher Rahmen) einzuhalten, helfen Ihnen diese Sätze:

- ✔ **We need to move on.** (Wir sollten fortfahren.)
- ✔ **We're running behind schedule.** (Wir hinken dem Zeitplan hinterher.)
- ✔ **Let's not lose sight of our schedule.** (Lassen Sie uns unseren Zeitplan nicht aus den Augen verlieren.)

**Time flies when you're having fun.** (Die Zeit vergeht wie im Fluge, wenn man Spaß hat.) Schauen Sie sich diese Zeitausdrücke an:

- **in time** (rechtzeitig)
- **on time** (pünktlich)
- **in good time / in plenty of time** (frühzeitig)
- **with time to spare** (frühzeitig)

Dann bleibt Ihnen sogar noch **spare time** (Freizeit).

Sie kennen das vielleicht. Die Diskussion verläuft nur sehr zäh, weil keine neuen Argumente eingebracht werden. So lenken Sie die Gesprächsteilnehmer zurück auf das Wesentliche:

- **Let's get to the point.** (Kommen wir zum Punkt.)
- **I think we're moving in circles.** (Ich glaube, dass wir uns im Kreis drehen.)
- **We're digressing.** (Wir weichen vom Thema ab.)
- **Can we reach a conclusion here?** (Können wir hier zu einem Ergebnis kommen?)

Eine Ergebnisfindung wäre ja vielleicht möglich, aber zwei Teilnehmer am Tisch unterhalten sich schon seit einiger Zeit angeregt über die Fußballergebnisse vom Wochenende. Versuchen Sie, Ruhe in den Raum zu bringen:

- **Let me have everyone's full attention, please.** (Ich brauche Ihre volle Aufmerksamkeit, bitte.)
- **Can we focus on the matter at hand, please?** (Können wir uns bitte auf das Thema konzentrieren?)

✔ **Does this have any bearing on what we're talking about?** (Steht das in einem Zusammenhang mit unserem Thema?)

✔ **Would you like to share that with the rest of us?** (Möchten Sie uns das nicht auch mitteilen?)

Das kommt ganz darauf an …

 Nach der Mittagspause laufen die Verhandlungen nur langsam wieder an. Herr Brown und Frau Sockhole unterhalten sich angeregt über das Mittagessen.

| | |
|---|---|
| Mr. Brown: | **Sarah, what do you think of the place we went to for lunch?** <br> Sarah, was hältst du von dem Restaurant, in dem wir Mittag gegessen haben? |
| Ms. Sockhole: | **My meal was delicious.** <br> Mein Essen war sehr gut. |
| Ms. Demir: | **Can we focus on the matter at hand, please?** <br> Können wir uns bitte auf das Thema konzentrieren? |
| Ms. Sockhole: | **Sorry, we might have digressed a bit here.** <br> Entschuldigung. Da sind wir wohl etwas vom Thema abgewichen. |
| Mr. Brown: | **We weren't digressing. We were digesting.** <br> Wir sind nicht vom Thema abgewichen. Wir haben verdaut. |

## Kleiner Wortschatz

| Englisch | Deutsch |
| --- | --- |
| polite | höflich |
| impolite | unhöflich |
| to interrupt | unterbrechen |
| interruption | Unterbrechung |
| question | Frage |
| to adjourn | vertagen |
| opportunity | Gelegenheit |
| to calm down | sich beruhigen |
| composure | Beherrschung |
| time frame | zeitlicher Rahmen |
| schedule | Zeitplan |
| to digress | vom Thema abweichen |
| attention | Aufmerksamkeit |
| to focus on | sich konzentrieren auf |

# Building Bridges: Kompromisse eingehen     7

> *In diesem Kapitel*
> ✔ Bei den richtigen Punkten Zugeständnisse machen
> ✔ Zur rechten Zeit Zugeständnisse einfordern
> ✔ Einvernehmlich auseinandergehen

Wenn Sie Ziele erreichen wollen, müssen Sie manchmal **compromises** (Kompromisse) eingehen. Das gilt selbstverständlich auch am **bargaining table**. Dieses Kapitel verrät Ihnen, wie Sie **concessions** (Zugeständnisse) so formulieren, dass die **opposing party** Ihnen gern entgegenkommt. Für den erfolgreichen Ausgang von **negotiations** ist es wichtig, dass beide Seiten einvernehmlich auseinandergehen. In diesem Teil finden Sie deshalb auch Wörter und Redewendungen, die eine **win-win situation** (eine Situation, bei der beide Seiten gewinnen) wahrscheinlich machen. **Let's meet halfway!** (Kommen wir uns auf halbem Wege entgegen!)

## Making Concessions: Zugeständnisse machen

**Bargaining is a game of give and take.** (Verhandeln ist ein Spiel des Gebens und Nehmens.) Wenn Sie nehmen wollen, müssen Sie auch bereit sein zu geben. Dazu brauchen Sie diese Redewendungen:

✔ **to grant a concession** (ein Zugeständnis einräumen)
✔ **to make a concession** (ein Zugeständnis machen)
✔ **to offer a concession** (ein Zugeständnis machen)

So signalisieren Sie, dass Sie in einer Angelegenheit bereit sind, **concessions** zu machen:

- ✔ **We are willing to offer you...** (Wir sind dazu bereit, Ihnen ... anzubieten.)
- ✔ **I could agree to...** (Ich könnte ... zustimmen.)
- ✔ **We can make you the following offer:...** (Wir können Ihnen folgendes Angebot unterbreiten: ...)
- ✔ **We can grant you...** (Wir können Ihnen ... gewähren.)

Wollen Sie Ihre **concessions** mit **conditions** (Bedingungen) verknüpfen? Hier einige Beispiele:

- ✔ **If you agree to our proposal, we will offer you a ten percent discount.** (Wenn Sie unserem Vorschlag zustimmen, bieten wir Ihnen einen zehnprozentigen Nachlass an.)
- ✔ **If you accepted these conditions, we would extend the time allowed for payment.** (Wenn Sie diesen Bedingungen zustimmen würden, würden wir das Zahlungsziel hinausschieben.)

Stimmen Sie zu?

**No dice!** (Keine Chance, *wörtlich:* Keine Würfel!) Das ist zugegebenermaßen ein wenig barsch. So signalisieren Sie freundlich, aber bestimmt, dass Sie in einer Angelegenheit nicht bereit sind, **concessions** zu machen:

- ✔ **I'm afraid we can't agree to that.** (Leider können wir dem nicht zustimmen, *wörtlich:* Ich befürchte ...)
- ✔ **Unfortunately, that would put us in an untenable position.** (Das würde uns leider in eine unhaltbare Position bringen.)

- ✔ **I'm sorry, but my hands are tied.** (Es tut mir leid, aber mir sind die Hände gebunden.)
- ✔ **No way, Jose!** (Nie im Leben, Jose!)

Wenn Sie höflich bleiben wollen, sollten Sie das letzte Beispiel nicht unbedingt verwenden. Mehr zum angemessenen Umgang mit Gesprächspartnern erfahren Sie in Kapitel 8.

> ### FYI: Redewendungen
> Ihnen sind sprichwörtlich die Hände gebunden? Hier sind Redewendungen, die Ihren Verhandlungsstil beschreiben könnten:
>
> - ✔ **to drive a hard bargain** (hart verhandeln)
> - ✔ **to clinch a deal** (ein Geschäft abschließen)
> - ✔ **to play your cards right** (Trümpfe richtig ausspielen, *wörtlich:* Ihre Karten richtig spielen)
>
> Welches Ass haben Sie noch im Ärmel?

Herr Hansen und Frau Singh sind mitten in den Verhandlungen. Um einen Schritt vorwärts zu kommen, schaltet sich Herr Brown ins Gespräch ein.

Ms. Singh: **We cannot possibly meet your proposed deadline.**
Wir können unmöglich die von Ihnen vorgeschlagene Frist einhalten.

Mr. Brown: **Maybe we can throw in an incentive.**
Vielleicht können wir Ihnen einen Anreiz bieten.

| | |
|---|---|
| Mr. Hansen: | **Good idea.** |
| | Gute Idee. |
| Ms. Singh: | **What did you have in mind?** |
| | An was hatten Sie gedacht? |
| Mr. Hansen: | **We would be willing to cover the extra expenses if you agreed to implement the measures within this time frame.** |
| | Wir wären bereit, die zusätzlichen Kosten zu tragen, wenn Sie zustimmen könnten, die Maßnahmen innerhalb dieses Zeitrahmens umzusetzen. |
| Ms. Singh: | **That's an offer I can't refuse.** |
| | Das ist ein Angebot, das ich nicht ausschlagen kann. |

## *Having it Your Way: Zugeständnisse einfordern*

Es ist an der Zeit, auch einmal etwas zu fordern. Nachdem Sie **concessions** gemacht haben, vergessen Sie nicht, Ihre Forderungen in die **negotiations** einzubringen:

✔ **request** (Anliegen)

✔ **requisite** (Vorbedingung)

✔ **stipulation** (Bedingung)

✔ **condition** (Bedingung)

✔ **demand** (Forderung mit Nachdruck)

Seien Sie aber nicht zu **demanding** (fordernd). Mit diesen Sätzen könnten Sie Ihr Ziel erreichen:

- **I have the following request:...** (Ich habe folgendes Anliegen: ...)
- **The major requisite is...** (Die wichtigste Bedingung ist ...)
- **Our concept includes the stipulation that you...** (Unser Konzept umfasst die Bedingung, dass Sie ...)
- **We can agree under the condition that...** (Wir können unter der Bedingung zustimmen, dass ...)
- **We don't want to make unreasonable demands, but...** (Wir wollen keine überzogenen Forderungen stellen, aber ...)

Mit diesen Wörtern drücken Sie aus, dass Sie **concessions** einfordern:

- **to need** (brauchen)
- **to require** (benötigen)
- **to want** (haben wollen)
- **to demand** (mit Nachdruck fordern)

Da ist es schon wieder – das kleine, aber harte Wort »demand«. Benutzen Sie es nur als letzten Versuch. Sehen Sie selbst:

- **We need a clear time frame for this project.** (Wir brauchen einen klaren Terminplan für dieses Projekt.)
- **Our engineering department requires more time to develop the new model.** (Unsere Entwicklungsabteilung benötigt mehr Zeit, um das neue Modell zu entwickeln.)

- ✔ **What we want is a user-friendly manual.** (Wir brauchen ein benutzerfreundliches Handbuch.)
- ✔ **I demand purple covers for the XL2000.** (Ich fordere lilafarbene Abdeckungen für den XL2000.)

Lila ist ja bekanntlich der letzte Versuch …

In den Verhandlungen ist nun Herr Hansen am Zug. Nachdem er Zugeständnisse gemacht hat, bringt er seine Forderungen vor.

Mr. Hansen: **As I said, we will cover the extra expenses. I have a request, though.**
Wie bereits gesagt, werden wir die zusätzlichen Kosten tragen. Ich habe jedoch ein Anliegen.

Ms. Singh: **Let me hear what you have to say.**
Lassen Sie hören.

Mr. Hansen: **Our quality assurance department is drawing up a new manual at the moment. They need to make sure your company meets the standards.**
Unsere Qualitätssicherungsabteilung entwirft zurzeit ein neues Handbuch. Sie müssen sicherstellen, dass Ihre Firma die Voraussetzungen erfüllt.

Ms. Singh: **In other words, you want QA staff to visit our facilities.**
Mit anderen Worten wollen Sie, dass QS-Mitarbeiter unsere Betriebsstätten besichtigen.

| | |
|---|---|
| Mr. Hansen: | **Exactly. That's what we would require of you.** |
| | Genau. Das wäre unsere Forderung an Sie. |
| Ms. Singh: | **That would present some difficulties.** |
| | Das könnte einige Schwierigkeiten mit sich bringen. |

## *Creating a Win-Win Situation: Beide Seiten zufriedenstellen*

Idealerweise sollte am Ende von **negotiations** ein für beide Seiten annehmbares Ergebnis stehen: eine **win-win situation** (eine Situation, bei der beide Seiten gewinnen). Bis dahin kann es jedoch ein langer Weg sein, denn manchmal müssen vorher diese Situationen aus dem Weg geräumt werden:

✔ **stalemate** (Pattsituation)

✔ **deadlock** (Stillstand)

✔ **impasse** (ausweglose Situation)

Diese Sätze beschreiben die Situationen:

✔ **We have reached a stalemate.** (Wir befinden uns in einer Pattsituation.)

✔ **There seems to be a deadlock between our two sides.** (Es ist zu einem Stillstand zwischen unseren beiden Seiten gekommen.)

✔ **We are at an impasse.** (Wir befinden uns in einer ausweglosen Situation.)

Wie können Sie sich aus einer solchen Situation befreien? Zum Beispiel indem Sie darauf hinweisen:

- **We need to resolve the deadlock in our negotiations.** (Wir müssen den Stillstand in unseren Verhandlungen überwinden.)

- **Let's try to break the stalemate.** (Lassen Sie uns versuchen, die Pattsituation aufzulösen)

- **Unless we overcome this impasse, we won't achieve anything.** (Wenn wir diese ausweglose Situation nicht überwinden, werden wir nichts erreichen.)

---

*FYI: »solution«*

Probleme sind dazu da, gelöst zu werden. Hier ein paar Lösungsvorschläge:

- **a satisfactory solution** (eine zufriedenstellende Lösung)

- **a reasonable settlement** (eine vernünftige Einigung)

- **an acceptable agreement** (eine annehmbare Übereinkunft)

Raffen Sie sich zu einem **last-ditch effort** (allerletzter Versuch) auf.

---

**Now you're talking.** (Das ist vernünftig, *wörtlich:* Jetzt reden Sie.) Wenn Sie das hören oder selbst sagen können, sind Sie von einem **compromise** und einer **win-win situation** nicht mehr weit entfernt. Auch für diese Sätze gilt das:

- ✔ **That's certainly a satisfactory solution to our problem.** (Das ist definitiv eine zufriedenstellende Lösung für unser Problem.)
- ✔ **That sounds good.** (Das hört sich gut an.)
- ✔ **We can agree to that.** (Dem können wir zustimmen.)

**Deal or no deal?** (Geschäft oder kein Geschäft?) Wenn Sie die Wörter und Redewendungen aus diesem Kapitel in Ihre **negotiations** einfließen lassen, wird die Antwort lauten: **It's a deal!** (Wir sind im Geschäft.)

Die Gespräche am Verhandlungstisch sind ins Stocken geraten. Herr Hansen versucht, eine für beide Seiten akzeptable Lösung herbeizuführen.

| | |
|---|---|
| Mr. Hansen: | **I hope we haven't reached a deadlock, have we?** <br> Ich hoffe nicht, dass wir einen Stillstand erreicht haben, oder doch? |
| Ms. Singh: | **Our staff is perfectly able to deal with quality assurance without any outside interference.** <br> Unsere Mitarbeiter sind sehr gut in der Lage, ohne Einmischung von außen die Qualitätssicherung zu garantieren. |
| Mr. Hansen: | **Please don't look at it as interference, but as support. I'm sure your people are experts in their field. However, if you team up with us, the results would be of advantage to both of us.** |

                    Bitte betrachten Sie es nicht als Einmi-
                    schung, sondern als Unterstützung. Ich bin
                    sicher, dass Ihre Mitarbeiter hervorragende
                    Fachkräfte sind. Wenn Sie jedoch mit uns
                    zusammenarbeiten, würden die Ergebnisse
                    für uns beide von Vorteil sein.
Ms. Singh:         **You've convinced me. It's a deal.**
                    Sie haben mich überzeugt. Wir sind im Ge-
                    schäft.

## Kleiner Wortschatz

| Englisch | Deutsch |
| --- | --- |
| compromise | Kompromiss |
| concession | Zugeständnis |
| condition | Bedingung |
| untenable | unhaltbar |
| to drive a bargain | verhandeln |
| incentive | Anreiz, Bonus |
| requisite | Vorbedingung |
| stipulation | Bedingung |
| to draw up | entwickeln, entwerfen |
| to overcome | überwinden |
| interference | Einmischung, Störung |
| advantage | Vorteil |
| to convince | überzeugen |

# *Negotiations Worldwide: Mit der Welt auf Englisch verhandeln* 8

> *In diesem Kapitel*
> ✔ Mit Europäern und Nordamerikanern verhandeln
> ✔ Erfolgreich mit Asiaten sprechen
> ✔ Fallen bei der Körpersprache vermeiden

Wenn die Welt am **bargaining table** zusammenkommt, treffen mitunter nicht nur verschiedene Kulturen, sondern auch verschiedene **negotiation tactics** (Verhandlungstaktiken) aufeinander. Die Gepflogenheiten von **negotiation partners** (Verhandlungspartner) aus westlichen Ländern sind Ihnen wahrscheinlich vertraut. In diesem Kapitel finden Sie nützliche Sätze auf Englisch, die für diesen Verhandlungsfall hilfreich sein können. Haben Sie es mit asiatischen **negotiation partners** zu tun, kann es vorkommen, dass Sie mit einem anderen Verhandlungsstil konfrontiert werden. Auch dafür gibt es in diesem Kapitel Sätze und Redewendungen. Noch ein Tipp: Sie sollten an Ihre **body language** (Körpersprache) denken. Vieles, was für Sie ohne Bedeutung ist, kann bei **negotiation partners** aus anderen Kulturkreisen negativ besetzt sein. **Heads up!** (Aufgepasst!)

## *Close Neighbors: Europa und Nordamerika*

Sitzen Sie häufiger mit **negotiation partners** aus **Europe** (Europa) und **North America** (Nordamerika) am **bargaining table**? Die Sprache, die Sie verbindet, ist Englisch. Auch wenn Sie des Englischen mächtig sind, sollten Sie darauf achten,

Ihre Sätze so zu formulieren, dass Ihr Gegenüber Sie nicht missversteht. Höflichkeit ist hier von besonderer Bedeutung. Sagen Sie nicht: **Sit down.** (Setzen Sie sich.)

Für Bello, Ihren Hund, ist das im Englischen sicherlich angemessen. Im Umgang mit **negotiation partners** klingt es jedoch eher aggressiv. Verwenden Sie lieber diese höfliche Frage: **Would you like to have a seat?** (Möchten Sie sich setzen?)

 Nehmen Sie Platz. Wenn Sie einen Sitzplatz anbieten, sagen Sie nicht: »**Take place!**« Sehen Sie selbst:

- ✔ **to have a seat** (sich setzen)
- ✔ **to take place** (stattfinden)

---

### FYI: »lingua franca«

Sie können aufatmen. Was früher Latein war, ist heute Englisch: die **lingua franca** (Verkehrssprache) für Menschen, die nicht dieselbe Muttersprache sprechen. Eine Verkehrssprache wird häufig auch so bezeichnet:

- ✔ **working language** (Arbeitssprache)
- ✔ **bridge language** (Brückensprache)

Englisch baut Brücken.

---

In Tabelle 8.1 finden Sie weitere Beispiele, in denen unhöfliche Aussagen in höfliche Fragen umgewandelt wurden.

| impolite (unhöflich) | polite (höflich) |
|---|---|
| **Give me the pen.** (Geben Sie mir den Stift.) | **Would you kindly give me the pen?** (Würden Sie mir freundlicherweise den Stift geben?) |
| **Close the door.** (Schließen Sie die Tür.) | **Would you please close the door?** (Würden Sie bitte die Tür schließen?) |
| **Here's my business card.** (Hier ist meine Visitenkarte.) | **May I give you my business card?** (Darf ich Ihnen meine Visitenkarte geben?) |
| **Give us the information now.** (Geben Sie uns jetzt die Information.) | **Would you please give us the information now?** (Würden Sie uns die Information bitte jetzt geben?) |
| **Pass the cookies.** (Reichen Sie mir die Kekse.) | **Would you please pass the cookies?** (Würden Sie mir bitte die Kekse reichen?) |

Tabelle 8.1: Gegenüberstellung von unhöflichen und höflichen Sätzen

 Kleine Wörter – große Wirkung:

✔ **would** (würde) / **could** (könnte)

✔ **may** (darf) / **might** (dürfte)

**What goes around, comes around.** (Wie man in den Wald hineinruft, so schallt es heraus, *wörtlich:* Was herumgeht, kommt zurück.) Mit diesen Wörtern bringen Sie Ihr Anliegen höflich als Frage vor:

✔ **Would you please repeat that?** (Würden Sie das bitte wiederholen?)

✔ **Could you explain what you mean?** (Könnten Sie erklären, was Sie meinen?)

✔ **May I ask for your attention?** (Darf ich um Ihre Aufmerksamkeit bitten?)

✔ **Might I have the floor?** (Dürfte ich das Wort haben?)

**No.** (Nein.) Auf jeden Fall sollten Sie diesen **slap in the face** (Schlag ins Gesicht) vermeiden. Versuchen Sie, Ihre Ablehnung so höflich wie möglich zu verpacken.

✔ **No, I'm afraid not.** (Nein, leider nicht, *wörtlich:* ich befürchte nicht.)

✔ **I'm sorry, but I'm not sure that would work.** (Es tut mir leid, aber ich glaube nicht, dass das funktionieren würde.)

✔ **I think you should reconsider that.** (Ich glaube, dass Sie das noch einmal überdenken sollten.)

✔ **Yes. However,...** (Ja, aber ...)

Herr Hansen und Frau Singh sprechen während der Verhandlungen über einen kontroversen Tagesordnungspunkt.

Mr. Hansen: **Ms. Singh, are you sure this is a good idea?**
Frau Singh, glauben Sie, dass das eine gute Idee ist?
Ms. Singh: **Could you explain what you mean?**
Könnten Sie erklären, was Sie meinen?
Mr. Hansen: **Well, I think you should reconsider your decision.**
Also, ich glaube, dass Sie Ihre Entscheidung noch einmal überdenken sollten.

| Ms. Singh: | **Would you kindly give me more time to think about it?** |
|---|---|
| | Würden Sie mir freundlicherweise Bedenkzeit geben? |
| Mr. Hansen: | **Yes, but we do have a deadline.** |
| | Ja, aber wir haben eine Frist. |

## *Asian Ventures: Gespräche mit Asiaten*

**Be patient!** (Seien Sie geduldig!) Ganz im Gegensatz zu Ihnen kann es passieren, dass Ihre asiatischen **negotiation partners** ohne festgelegte **goals** an den **bargaining table** kommen. Spielen Sie kein **game of cat and mouse** (Katz- und Mausspiel) und sprechen Sie sie darauf an:

✔ **Could you be more specific?** (Könnten Sie genauer sein?)

✔ **Would you please explain what you mean?** (Würden Sie bitte erklären, was Sie meinen?)

✔ **Let me get this straight. What you're saying is...** (Nur damit ich Sie richtig verstehe. Sie sagen, dass ...)

Während Sie von anderen Verhandlungspartnern ein höflich verpacktes »**no**« durchaus erwarten können, kommt dieses Wort im Verhandlungsvokabular von Asiaten nicht vor. Sie werden zunächst immer zustimmen, um dann das Gespräch in eine andere Richtung zu lenken. So können Sie versuchen, die **negotiations** wieder auf Kurs zu bringen:

- ✔ **Let's get back to the first item on the agenda.** (Lassen Sie uns auf den ersten Tagesordnungspunkt zurückkommen.)
- ✔ **Let's discuss this matter in more detail.** (Lassen Sie uns diese Angelegenheit genauer besprechen.)
- ✔ **Do we see eye-to-eye on this?** (Sind wir hier einer Meinung?)

**Be laid-back!** (Seien Sie entspannt!) Asiaten lassen sich meist nicht aus der Ruhe bringen – zumindest zeigen sie es nicht. Auch wenn Ihnen die **deadline** im Nacken sitzt, sollten Sie das nicht zum Ausdruck bringen:

- ✔ **There's no rush.** (Keine Eile.)
- ✔ **We have plenty of time.** (Wir haben reichlich Zeit.)
- ✔ **Let's not hurry things.** (Lassen Sie uns die Dinge nicht überstürzen.)

Immer mit der Ruhe also – auch wenn Ihnen das schwerfällt. Nutzen Sie das Verhalten asiatischer Verhandlungspartner zu Ihrem Vorteil. Aber auch mit der besten **negotiation tactic** kann es einmal zum **gridlock** (festgefahrene Situation) kommen. Jetzt nur nichts falsch machen. Vielleicht hilft es, Ihr Gegenüber zum Essen einzuladen:

- ✔ **Let's take a break for lunch.** (Lassen Sie uns eine Mittagspause machen.)
- ✔ **We'd like to invite you to lunch.** (Wir würden Sie gern zum Mittagessen einladen.)
- ✔ **Let's talk about this over dinner.** (Lassen Sie uns beim Abendessen darüber reden.)

Nutzen Sie die entspannte Atmosphäre einer gemeinsamen Mahlzeit, um die Verhandlungen voranzubringen. So vermeiden Sie **concessions**, die vielleicht unnötig sind.

 Herr Hansen verhandelt mit Herrn Wang über einen neuen Produktionsstandort für den XL2000.

| | |
|---|---|
| Mr. Hansen: | **Our quality assurance people will check the production facilities twice a year.** <br> Unsere Qualitätssicherungsmitarbeiter werden die Produktionsstätten zweimal jährlich prüfen. |
| Mr. Wang: | **Certainly. Let us talk about the product design now.** <br> Sicher. Lassen Sie uns jetzt über die Produktgestaltung sprechen. |
| Mr. Hansen: | **Why don't we discuss the QA in more detail first?** <br> Warum reden wir zunächst nicht ausführlicher über die Qualitätssicherung? |
| Mr. Wang: | **Of course. I'm not sure what you mean exactly.** <br> Natürlich. Ich bin mir nicht sicher, was Sie genau meinen. |
| Mr. Hansen: | **We can talk about it over lunch. I'd like to invite you.** <br> Wir können darüber beim Mittagessen reden. Ich würde Sie gern einladen. |

## Body Language: Nationale Gepflogenheiten

Was für Sie freundlich und positiv erscheint, kann für Ihr Gegenüber negativ und schockierend wirken. Die **body language** (Körpersprache) ist alles andere als universal verständlich:

✔ **showing the palm of your hand** (Ihre Handfläche zeigen)

- **Great Britain and USA** (Großbritannien und USA): Stop! (Halt!)
- **Asian countries** (asiatische Länder): **asking for permission to speak** (um das Wort bitten)

✔ **thumbs up** (Daumen hoch)

- **most countries** (die meisten Länder): **Everything's fine!** (Alles klar!)
- **Asian and Arab countries** (asiatische und arabische Länder): **rude gesture** (unhöfliche Geste)

✔ **index finger and thumb form an »O«** (Zeigefinger und Daumen formen ein »O«)

- **USA: Okay!** (Okay!)
- **Russia and Turkey** (Russland und Türkei): **sexual insult** (sexuelle Beleidigung)

**Less is more.** (Weniger ist mehr.) Verzichten Sie im Umgang mit internationalen **negotiation partners** auf zu viele Gesten und versuchen Sie es lieber mit Worten:

✔ **Hold your horses!** (Immer mit der Ruhe, *wörtlich:* Halten Sie Ihre Pferde zurück!)

✔ **Perfect!** (Perfekt!)

✔ **That's a great idea!** (Das ist eine großartige Idee!)

Das ist doch eine gute Idee, oder?

✔ **curled index finger** (gekrümmter Zeigefinger)
- **most countries** (die meisten Länder): **Come here!** (Kommen Sie her!)
- **Asian countries** (asiatische Länder): **rude gesture** (unhöfliche Geste)

✔ **showing the soles of your feet** (Schuhsohlen zeigen)
- **most countries** (die meisten Länder): **relaxed position** (entspannte Haltung)
- **Asian and Arab countries** (asiatische und arabische Länder): **offensive gesture** (beleidigende Geste)

✔ **picking your nose** (in der Nase bohren)
- **most countries** (die meisten Länder): **impolite gesture** (unhöfliche Geste)
- **China** (China): **acceptable behavior** (akzeptiertes Verhalten)

Nicken Sie auch häufiger, um Ihre Zustimmung auszudrücken? In den diesen Ländern wird **nodding** (Nicken) als »nein« und **shaking your head** (Kopfschütteln) als »ja« interpretiert:

✔ **Greece** (Griechenland)

✔ **Turkey** (Türkei)

✔ **Bulgaria** (Bulgarien)

Wenn Sie jetzt den Kopf schütteln, stimmen Sie zu.

## Kleiner Wortschatz

| Englisch | Deutsch |
| --- | --- |
| negotiation tactic | Verhandlungstaktik |
| body language | Körpersprache |
| to take place | stattfinden |
| to explain | erklären |
| attention | Aufmerksamkeit |
| specific | genau |
| laid-back | entspannt |
| rush | Eile |
| to invite | einladen |
| permission | Erlaubnis |
| acceptable | annehmbar |

# Teil IV
# Der Top-Ten-Teil

## *In diesem Teil ...*

Zehn Schritte vorwärts und zehn Schritte zurück. In diesem Teil bedeutet das auf keinen Fall Stillstand, denn er katapultiert Sie direkt auf die **winning side** (Gewinnerseite). Lesen Sie im ersten Kapitel dieses Teils, mit welchen Dingen und Sätzen Sie Verhandlungen auf Englisch für sich entscheiden können – das sind die zehn Schritte vorwärts. Die zehn Schritte zurück machen Sie nach der Lektüre des zweiten Kapitels in diesem Teil dann garantiert nicht mehr. Legen Sie los: **Step by step.** (Schritt für Schritt.)

---

\* »Wenn wir das nächste Mal wieder zusätzliche Mittel bekommen, sagen Sie bitte nichts. Sie können froh sein, dass ich sie überzeugen konnte, dass »Klingelingeling« auf Suaheli »Vielen Dank!« heißt.

# Zehn Dinge, die Sie bei Verhandlungen tun oder sagen sollten

**9**

### In diesem Kapitel
✔ Sätze, die bei Ihren Verhandlungspartnern gut ankommen

✔ Strategien, die sich positiv auf den Verhandlungsverlauf auswirken

Sie wissen es sicherlich: Verhandlungen gehen positiv für Sie aus, wenn Sie freundlich mit Ihren **negotiation partners** umgehen. In diesem Kapitel erhalten Sie zehn nützliche Tipps, um diesen Grundsatz in die Tat umzusetzen. Sie erfahren, mit welchen Sätzen Sie Gespräche voranbringen. Darüber hinaus lesen Sie, was Sie tun können, um zu einem erfolgreichen Abschluss zu kommen. **Do your homework!** (Machen Sie Ihre Hausaufgaben!)

## Be polite

Seien Sie höflich.

Nichts ist wichtiger als **politeness** (Höflichkeit), denn sie kann Ihnen die Tür zum Erfolg öffnen. So verwenden Sie sicherlich schon diese **phrases** bei Ihren **negotiations**:

✔ **Excuse me,...** (Entschuldigung, ...)

✔ **Thank you for...** (Haben Sie vielen Dank für ...)

✔ **May I please...** (Darf ich bitte ...)

## »That sounds good«

Das hört sich gut an.

Geben Sie Ihrem **negotiation partner** positives **feedback**. So haben alle Beteiligten ein Gefühl von Sicherheit:

- ✔ **That's a good question.** (Das ist eine gute Frage.)
- ✔ **That's an interesting idea.** (Das ist eine interessante Idee.)
- ✔ **We should think about this.** (Wir sollten darüber nachdenken.)

Denken Sie mal darüber nach.

## Have a fall-back position

Bereiten Sie einen Plan B vor.

Es ist wichtig, dass Sie Ihre **aims** und **goals** erreichen. Für schwierige Situationen ist es jedoch empfehlenswert, Verhandlungsmasse parat zu haben. Mehr dazu erfahren Sie in Kapitel 2.

## Soften strong statements

Schwächen Sie starke Aussagen ab.

Sie wollen etwas erreichen? Manchmal hilft es, Ihre Aussage nett zu verpacken. Das erreichen Sie so:

- ✔ **I'm sorry, but…** (Es tut mir leid, aber …)
- ✔ **I'm afraid that…** (Ich fürchte, dass …)
- ✔ **Unfortunately,…** (Leider …)

## »Please go on – I'm listening«

Bitte fahren Sie fort – ich höre Ihnen zu.

Hören Sie gut zu und ermutigen Sie Ihren Gesprächspartner, seine Positionen darzulegen. Auch diese **phrases** funktionieren gut:

- ✔ **Please continue.** (Bitte fahren Sie fort.)
- ✔ **Go ahead.** (Legen Sie los.)
- ✔ **I'm all ears.** (Ich bin ganz Ohr.)

## Be reasonable

Seien Sie realistisch.

Bleiben Sie immer auf dem Boden der Tatsachen und stellen Sie keine überzogenen Forderungen. Dann müssen Sie auch keine unzumutbaren **concessions** machen. Letztlich erreichen Sie so eine **win-win situation**. Damit ist beiden Seiten geholfen.

## »You're right, but…«

Sie haben recht, aber …

Senden Sie positive Signale, um Ihre Ideen erfolgreich ins Gespräch einzubringen:

- ✔ **I agree, however,…** (Ich stimme zu, jedoch …)
- ✔ **That's correct, but…** (Das ist korrekt, aber …)
- ✔ **That's a sound argument, but…** (Das ist ein zwingendes Argument, aber …)

## *Ask for feedback*

Bitten Sie um Rückmeldungen.

Verhandlungen sind ein Geben und Nehmen. Nachdem Sie **feedback** gegeben haben, fragen Sie auch nach den Rückmeldungen der Gegenseite:

✔ **What do you think?** (Was denken Sie?)

✔ **What's your opinion on this?** (Was ist Ihre Meinung dazu?)

✔ **Let me hear your thoughts on this.** (Lassen Sie mich Ihre Gedanken dazu hören.)

## *Take strategic breaks*

Machen Sie strategische Pausen.

Jeder Mensch braucht Nahrung. Aber Pausen sind nicht nur bestens zur Nahrungsaufnahme geeignet. Sie dienen auch dazu, in lockerer Atmosphäre die **negotiations** weiterzuführen. Mehr dazu erfahren Sie in den Kapiteln 5 und 6.

## *»It's a deal«*

Wir sind im Geschäft.

Dieser Satz ist sozusagen Nummer eins auf der Liste der Top Ten. Wenn Sie alle Tipps aus diesem Kapitel beherzigen, können Sie ihn hoffentlich am Ende der **negotiations** hören oder selbst sagen. Er bedeutet: **You've made it.** (Sie haben es geschafft.)

# Zehn Dinge, die Sie bei Verhandlungen nicht tun oder sagen sollten

**10**

> ### In diesem Kapitel
> ✔ Sätze, die besser ungesagt bleiben sollten
> ✔ Verhaltensweisen, die nicht förderlich sind

**Oops.** (Ups.) In Fettnäpfchen wollen Sie eigentlich nicht treten. Dieses Kapitel macht Ihnen noch einmal bewusst, worauf Sie bei Verhandlungen auf Englisch achten sollten, um nicht unverhofft in eine Schieflage zu geraten.

## Don't forget the small talk

Vergessen Sie nicht zu plaudern.

Lockern Sie die Atmosphäre vor den Verhandlungen oder in der Pause durch ein wenig Plauderei auf:

✔ **Did you have a good flight?** (Hatten Sie einen guten Flug?)
✔ **Is this your first time here?** (Sind Sie zum ersten Mal hier?)
✔ **Are you enjoying your meal?** (Schmeckt es Ihnen?)

## »Get to the point«

Kommen Sie zum Punkt.

Die Zeit drängt und Ihr **negotiation partner** kommt nicht zur Sache? Auch wenn es Ihnen in den Fingern juckt: Halten Sie sich vornehm zurück und warten Sie, bis Sie an der Reihe sind. Es zahlt sich aus.

## Don't lose your cool

Verlieren Sie nicht die Beherrschung.

Sie sind so aufgeregt, dass Sie schreien möchten? Das wäre für den weiteren Verlauf der Verhandlungen nicht förderlich. Versuchen Sie, sich so zu beruhigen:

- **Have a cup of coffee.** (Trinken Sie eine Tasse Kaffee.)
- **Take a break.** (Machen Sie eine Pause.)
- **Count to ten.** (Zählen Sie bis zehn.)

Das mit dem Zählen erledigen Sie natürlich lieber lautlos …

## »Take it or leave it«

Friss oder stirb.

Sie sollten Ihre Ziele keinesfalls in Basta-Manier durchdrücken wollen. Zu einer befriedigenden Lösung für beide Seiten kann es nur kommen, wenn Sie auch bereit sind, **concessions** zu machen. Mehr dazu erfahren Sie in Kapitel 7.

## Don't be inflexible

Seien Sie nicht unflexibel.

Wer Zugeständnisse einfordert, muss auch Zugeständnisse machen. Mit diesen Sätzen beweisen Sie Ihre Beweglichkeit:

- ✔ **We are willing to…** (Wir wären zu … bereit.)
- ✔ **We can accept…** (Wir können … akzeptieren.)
- ✔ **Let's meet halfway.** (Kommen wir uns auf halbem Wege entgegen.)

## »This is getting us nowhere«

Das führt zu nichts.

Auch wenn die Situation ausweglos erscheint, sollten Sie nicht resignieren. Versuchen Sie, es positiv auszudrücken:

- ✔ **Let's try a different approach.** (Lassen Sie uns anders an die Sache herangehen.)
- ✔ **Let's look at this from a different angle.** (Lassen Sie uns die Sache aus einer anderen Perspektive betrachten.)
- ✔ **Let's think about this for a moment.** (Lassen Sie uns einen Moment darüber nachdenken.)

## Don't let a stalemate develop

Lassen Sie keine Pattsituation entstehen.

Man sagt, dass Stillstand Rückschritt bedeutet. Schreiten Sie voran:

- ✔ **Let's try to move forward with this.** (Lassen Sie uns versuchen, hiermit vorwärts zu kommen.)
- ✔ **Let's resolve this situation.** (Lassen Sie uns diese Situation auflösen.)
- ✔ **We need to move along.** (Wir müssen vorankommen.)

## »That sounds stupid«

Das klingt blöd.

Vermeide Sie es, Ihren Verhandlungspartner zu beleidigen oder zu verletzen. Immer schön höflich bleiben. Aber das versteht sich ja von selbst.

## Avoid inappropriate body language

Vermeiden Sie unpassende Körpersprache.

Denken Sie daran: Gesten, die in Ihrem Kulturkreis harmlos wirken, können für **negotiation partners** aus anderen Ländern beleidigend sein oder ein falsches Signal senden. Mehr dazu erfahren Sie in Kapitel 8.

## »No«

Nein.

Verpacken Sie Ihre Ablehnung immer höflich. Das gelingt Ihnen zum Beispiel so:

- ✔ **I'm afraid not.** (Ich befürchte, nein.)
- ✔ **I'm sorry, but…** (Es tut mir leid, aber …)
- ✔ **Yes, however,…** (Ja, jedoch …)

# Teil V
# *Anhang*

## *In diesem Teil ...*

Es ist sinnvoll, diesen Anhang zu lesen. Warum, fragen Sie? Zum einen können Sie einiges über die englische Aussprache erfahren. Zum anderen erleichtert er Ihnen die Kontaktaufnahme mit internationalen Verhandlungspartnern dadurch, dass er Sie über **time zones** (Zeitzonen), **business hours** (Geschäftszeiten) und **holidays** (Feiertage) informiert. Das kleine Wörterbuch hilft Ihnen darüber hinaus mit grundlegendem Verhandlungsvokabular weiter. **Be informed!** (Seien Sie informiert!)

---

\* »Ich kaufe dieses Zeug nicht wirklich. Ich muss bloß Verhandlungsmasse haben, wenn wir zum Süßigkeitenregal an der Kasse kommen.«

# *Englische Aussprache leicht gemacht*

Sie können gut Englisch sprechen, aber ab und zu fragen Sie sich: Wie spricht man dieses englische Wort noch einmal aus? So wie man es schreibt? Für die deutsche Sprache mag das zutreffen. Als Hilfe zur **English pronunciation** (englische Aussprache) ist es eher nutzlos, denn die Buchstaben eines Wortes korrespondieren nur in den seltensten Fällen mit seiner Aussprache. Die Tabellen in diesem Abschnitt nennen Ihnen nützliche deutsche Vergleichswörter, die als Orientierung zur Aussprache dienen können. Hinter den englischen Wörtern steht eine Aussprachehilfe, die sich an die deutsche Sprache anlehnt. Die kursiv gedruckten Teile stehen für betonte Silben.

 Wenn Sie sich mit der englischen Aussprache im Detail auseinandersetzen wollen, können Ihnen diese Bücher helfen:

✔ ein gutes englisches Lernerwörterbuch

✔ *Englisch für Dummies*

| Stimmloser Konsonant | Stimmhafter Konsonant | Deutsche Beispielwörter | Englische Beispielwörter |
|---|---|---|---|
| *p* | *b* | <u>p</u>ellen <br> <u>b</u>ellen | <u>p</u>in (pin; Stecknadel) <br> <u>b</u>in (bin; Eimer) |
| *f* | *w* | <u>f</u>ischen <br> <u>w</u>ischen | <u>f</u>ine (fain; fein) <br> <u>v</u>ine (wain; Liane) |
| *t* | *d* | <u>T</u>eckel <br> <u>D</u>eckel | <u>t</u>oe (tou; Zeh) <br> <u>d</u>oe (dou; Reh) |
| *ss* | *s* | rei<u>ß</u>en <br> rei<u>s</u>en | <u>s</u>eal (ssiel; Siegel) <br> <u>z</u>eal (siel; Eifer) |
| *k* | *g* | <u>k</u>önnen <br> <u>g</u>önnen | <u>c</u>od (kod; Kabeljau) <br> <u>g</u>od (god; Gott) |
| *h* | - | <u>h</u>eilen | <u>h</u>eal (hiel; heilen) |
| - | *m* | <u>M</u>utter | <u>m</u>ad (mähd; verrückt) |
| - | *n* | <u>N</u>ase | <u>n</u>ose (nous; Nase) |
| - | *l* | <u>L</u>iebe | <u>l</u>ove (law; Liebe) |
| - | *j* | <u>J</u>a | <u>y</u>es (jess; ja) |
| *thh* | *th* | - | <u>th</u>ank (thhänk; danken) <br> <u>th</u>is (thiss; dies) |
| *ssch* | *sch* | Fi<u>sch</u> <br> Garage | solu<u>ti</u>on (sso-*luh*-sschen; Lösung) <br> illu<u>si</u>on (i-*luh*-schen; Illusion) |
| *tssch* | *dsch* | Ki<u>tsch</u> <br> Fi<u>j</u>i-Inseln | ri<u>ch</u> (ritssch; reich) <br> ri<u>dge</u> (ridsch; Bergzug) |
| - | *uw* | - | <u>w</u>indow (*uwin*-dou; Fenster) |

Tabelle A.1: Englische Konsonanten

| Langer Vokal | Kurzer Vokal | Deutsche Beispielwörter | Englische Beispielwörter |
|---|---|---|---|
| *ah* | *a* | B<u>ah</u>n <br> <u>a</u>b | f<u>a</u>ther (*fah*-ther; Vater) <br> <u>u</u>p (ap; aufwärts) |
| *äh* | *ä* | <u>Äh</u>re <br> <u>ä</u>ndern | p<u>a</u>ss (pähss; reichen) <br> h<u>a</u>ppy (*hä*-pie; glücklich) |
| - | *e* | B<u>e</u>tt | b<u>e</u>d (bed; Bett) |
| *ie* | *i* | sch<u>ie</u>ßen <br> f<u>i</u>nden | ch<u>ee</u>se (tsschies; Käse) <br> ch<u>i</u>mney (*tsschim*-nie; Kamin) |
| *oh* | *o* | S<u>o</u>fa <br> <u>o</u>ft | st<u>o</u>re (sstohr; Geschäft) <br> s<u>o</u>ft (ssoft; weich) |
| - | *ö* | <u>ö</u>rtlich | b<u>i</u>rd (börd; Vogel) |
| *uh* | *u* | H<u>u</u>t <br> <u>u</u>nter | sh<u>oo</u>t (sschuht; schießen) <br> p<u>u</u>t (put; legen) |

Tabelle A.2: Englische Vokale

| Vokalverbindung | Deutsche Beispielwörter | Englische Beispielwörter |
|---|---|---|
| *ai* | H<u>ei</u>mat | r<u>igh</u>t (rait; richtig) |
| *äi* | <u>Ey</u>! | gr<u>ea</u>t (gräit; großartig) |
| *eu* | n<u>eu</u>n | b<u>oy</u> (beu; Junge) |
| *au* | H<u>au</u>s | h<u>ou</u>se (hauss; Haus) |
| *ou* | – | t<u>oa</u>st (tousst; Toast) |

Tabelle A.3: Englische Vokalverbindungen

## *Buchstabieren auf Englisch*

In vielen Situationen bietet es sich an, etwas zu buchstabieren. Achten Sie darauf, dass im amerikanischen und im britischen Englisch verschiedene Konstruktionen verwendet werden:

- ✔ **A as in Alpha** (AE) (A wie Alpha)
- ✔ **A for Alpha** (BE) (A wie Alpha)

Probieren Sie es aus – es ist ganz einfach:

- ✔ **A as in Alpha**
- ✔ **B as in Bravo**
- ✔ **C as in Charlie**
- ✔ **D as in Delta**
- ✔ **E as in Echo**
- ✔ **F as in Foxtrot**
- ✔ **G as in Golf**
- ✔ **H as in Hotel**
- ✔ **I as in India**
- ✔ **J as in Juliet**
- ✔ **K as in Kilo**
- ✔ **L as in Lima**
- ✔ **M as in Mike**
- ✔ **N as in November**
- ✔ **O as in Oscar**
- ✔ **P as in Papa**
- ✔ **Q as in Quebec**
- ✔ **R as in Romeo**
- ✔ **S as in Sierra**
- ✔ **T as in Tango**
- ✔ **U as in Uniform**
- ✔ **V as in Victor**
- ✔ **W as in Whiskey**
- ✔ **X as in X-ray**
- ✔ **Y as in Yankee**
- ✔ **Z as in Zulu**

Ein Beispiel könnte also lauten:

- ✔ **This is Thomas Hansen. H as in Hotel. A as in Alpha. N as in November. S as in Sierra. E as in Echo. N as in November.** (Hier spricht Thomas Hansen. H wie Hotel. A wie Alpha. N wie November. S wie Sierra. E wie Echo. N wie November.)

# Zeitzonen, Geschäftszeiten und Feiertage    B

Immer wenn Sie bei Ihrem internationalen Geschäftspartner anrufen wollen, hören Sie nur seine **answering machine** (Anrufbeantworter)? Bedenken Sie, dass die Welt in unterschiedliche **time zones** (Zeitzonen) aufgeteilt ist und verschiedene Länder verschiedene **business hours** (Geschäftszeiten) haben. Dazu kommen noch über die Welt verteilte **holidays** (Feiertage). Wie sollen Sie sich das alles merken? Schlagen Sie einfach hin und wieder diesen Abschnitt auf.

## Zeitzonen

Sie wollen nicht Gefahr laufen, Ihr telefonisches Gegenüber nachts anzurufen? Das ist kein Problem, wenn Sie sich Tabelle B.1 mit den wichtigsten **time zones** angeschaut haben. »**UTC**« steht übrigens für **Coordinated Universal Time** (koordinierte Weltzeit). Das kennen Sie vielleicht noch als die **Greenwich Mean Time** (Mittlere Greenwich-Zeit) mit London als Mittelpunkt, von dem aus umgerechnet wird.

Denken Sie daran: In manchen Ländern gibt es **daylight saving time** (Sommerzeit). Dadurch kann sich die Zeit um eine Stunde nach hinten verschieben.

## Geschäftszeiten

Wundern Sie sich manchmal, dass Ihre Verhandlungspartner in einigen Ländern sehr gut zu erreichen, in anderen dagegen nur schwer an den Apparat zu bekommen sind? Das liegt daran, dass die **business hours** weltweit zum Teil stark voneinander abweichen. Mit den Informationen in diesem Abschnitt behalten Sie den Überblick.

| Location | Time Zone | Time |
|---|---|---|
| Hawaii | UTC-10 | 2:00 a.m. |
| Vancouver (Canada), California (USA) | UTC-8 | 4:00 a.m. |
| Calgary (Canada), Denver (USA) | UTC-7 | 5:00 a.m. |
| Chicago (USA), Mexico City (Mexico) | UTC-6 | 6:00 a.m. |
| Toronto (Canada), New York City (USA) | UTC-5 | 7:00 a.m. |
| Puerto Rico, Chile | UTC-4 | 8:00 a.m. |
| Argentina, Brazil | UTC-3 | 9:00 a.m. |
| Dublin, London, Lisbon | UTC | 12:00 a.m. |
| Austria, Denmark, France, Germany (e.g. Frankfurt) | UTC+1 | 1:00 p.m. |
| Helsinki, Athens, Tallinn, Tel Aviv | UTC+2 | 2:00 p.m. |
| Baghdad, Moscow, Saint Petersburg | UTC+3 | 3:00 p.m. |
| Mumbai (India) | UTC+5:45 | 5:45 p.m. |
| Beijing, Hong Kong, Taipei, Singapore | UTC+8 | 8:00 p.m. |
| South Korea, Japan | UTC+9 | 9:00 p.m. |
| Melbourne, Sydney | UTC+10 | 10:00 p.m. |
| Auckland | UTC+12 | 12:00 p.m. (following day) |

Tabelle B.1: Die wichtigsten time zones

✔ **USA** (USA): 9 – 17 Uhr (Mo-Fr)

✔ **UK** (Vereinigtes Königreich): 9 – 17 Uhr (Mo-Fr)

 In manchen Ländern wird tagsüber eine sogenannte **siesta** eingeschoben, sodass eher abends statt nachmittags gearbeitet wird.

✔ **Australia** (Australien): 8:30 – 17:30 Uhr (Mo-Fr)

✔ **China** (China): 8:30 – 17:30 Uhr (Mo-Fr)

✔ **Egypt** (Ägypten): 8 – 15 Uhr (Mo-Fr)

- ✔ **India** (Indien): 9:30 – 17:30 Uhr (Mo-Fr), 9:30 14:00 Uhr (Sa)
- ✔ **Israel** (Israel): 8:30 – 17 Uhr (So-Do)
- ✔ **Japan** (Japan): 9 – 17 Uhr (Mo-Fr)
- ✔ **Russia** (Russland): 9 – 18 Uhr (Mo-Fr)
- ✔ **South Africa** (Südafrika): 9 – 17 Uhr (Mo-Fr)

Bemühen Sie, bevor Sie den ersten Kontakt mit jemandem herstellen, einmal Ihre Lieblingssuchmaschine im Internet. Dort können Sie einerseits die **business hours** des jeweiligen Unternehmens herausfinden. Andererseits erfahren Sie viel über die **business etiquette** (Umgangsformen im Geschäftsleben) des Landes, in dem Sie anrufen wollen.

## *Feiertage*

Feiertage sind im hektischen Alltagsleben ein Ruhepol. Wie übersetzen Sie die deutschen **holidays** aber ins Englische, damit Sie Ihrem Gegenüber auch sagen können, dass Sie an diesen Tagen nicht erreichbar sein werden? Dieser Abschnitt macht Ihnen das Leben in dieser Hinsicht leichter. Sie finden auch noch die wichtigsten über die Welt verteilten Feiertage – an denen müssen Sie aber wahrscheinlich trotzdem arbeiten.

- ✔ Neujahrstag (1. Januar): **New Year's Day**
- ✔ Heilige Drei Könige (6. Januar): **Epiphany**
- ✔ Karfreitag: **Good Friday**
- ✔ Ostermontag: **Easter Monday**

- ✔ Maifeiertag (1. Mai): **Labor Day**
- ✔ Christi Himmelfahrt: **Ascension Day**
- ✔ Fronleichnam: **Corpus Christi Day**
- ✔ Pfingstmontag: **Whit Monday**
- ✔ Maria Himmelfahrt: **Assumption Day**
- ✔ Schweizerische Bundesfeier (1. August): **Swiss National Holiday**
- ✔ Tag der deutschen Einheit (3. Oktober): **German Day of Unity**
- ✔ Österreichischer Nationalfeiertag (26. Oktober): **Austrian National Holiday**
- ✔ Reformationstag: **Reformation Day**
- ✔ Allerheiligen: **All Saints' Day**
- ✔ Buß- und Bettag: **Repentance Day**
- ✔ Weihnachten: **Christmas**
- ✔ Silvester: **New Year's Eve**
- ✔ **USA:**
  - **Martin Luther King Day** (Martin-Luther-King-Tag, dritter Montag im Januar)
  - **Presidents' Day** (Präsidententag, dritter Montag im Februar)
  - **Memorial Day** (Gedenktag für die in Kriegen gefallenen Soldaten, letzter Montag im Mai)
  - **Independence Day** (Unabhängigkeitstag, 4. Juli)

- **Labor Day** (Tag der Arbeit, erster Montag im September)
- **Columbus Day** (Kolumbustag, zweiter Montag im Oktober)
- **Veterans' Day** (Tag der Veteranen, 11. November)
- **Thanksgiving** (Erntedankfest, vierter Donnerstag im November)

✔ **Großbritannien und Irland:**
- **Saint Patrick's Day** (Tag des Schutzpatrons der Iren, 17. März – nur in Nordirland und Irland)
- **Spring Bank Holiday** (Frühlingsfeiertag, letzter Montag im Mai)
- **Summer Bank Holiday** (Sommerfeiertag, letzter Montag im August)
- **Boxing Day** (zweiter Weihnachtsfeiertag, 26. Dezember)

✔ **Australien:**
- **Australia Day** (Australientag, 26. Januar)
- **ANZAC Day** (Gedenktag für den Eintritt australischer und neuseeländischer Truppen in den Ersten Weltkrieg, 25. April)
- **Queen's Birthday** (Geburtstag der Königin, zweiter Montag im Juni)

- ✔ **China:**
  - **New Year** (Neujahr, 1.–3. Januar)
  - **Spring Festival** (Chinesisches Neujahr, Ende Januar oder Anfang Februar)
  - **Qingming Festival** (Qingming-Fest, 3.–5. April)
  - **Dragon Boat Festival** (Drachenbootfest, fünfter Tag des fünften Mondmonats – Anfang Juni)
  - **Mid-autumn Festival** (Herbstmittefest, 15. Tag des achten Mondmonats, Mitte/Ende September)
  - **National Day** (Nationalfeiertag, 1. Oktober)
- ✔ **Indien (Nationalfeiertage):**
  - **Republic Day** (Tag der Republik, 26. Januar)
  - **Independence Day** (Unabhängigkeitstag, 15. August)
  - **Mahatma Gandhi's Birthday** (Mahatma Gandhis Geburtstag, 2. Oktober)

# *Kleines Wörterbuch*

## *Englisch – Deutsch*

### A
**acceptable**, akzeptabel, annehmbar
**actual**, eigentlich, tatsächlich
**adjourn**, vertagen
**adjournment**, Vertagung
**advantage**, Vorteil
**agenda**, Tagesordnung
**agree**, zustimmen
**agreement**, Vereinbarung, Zustimmung
**analyze**, analysieren
**attention**, Aufmerksamkeit

### B
**bargaining table**, Verhandlungstisch
**body language**, Körpersprache
**break-even point**, Break-even

### C
**calm down**, sich beruhigen
**category**, Kategorie
**challenge**, Herausforderung
**character trait**, Charaktereigenschaft
**clarify**, erläutern
**colleague**, Kollege
**competitor**, Mitbewerber
**composure**, Beherrschung
**compromise**, Kompromiss
**concession**, Zugeständnis
**condition**, Bedingung
**conference room**, Konferenzraum
**conference table**, Verhandlungstisch
**contract**, Vertrag
**convince**, überzeugen
**cooperation**, Zusammenarbeit
**correct**, richtig
**counter-offer**, Gegenangebot

### D
**decision**, Entscheidung
**digress**, vom Thema abweichen
**draw up**, entwickeln, entwerfen
**drive a bargain**, verhandeln

### E
**expand**, ausweiten
**explain**, erklären

### F
**feedback**, Rückmeldung
**focus on**, sich konzentrieren auf

### G
**gather**, sammeln

### H
**hire**, einstellen

### I
**implement**, umsetzen
**impolite**, unhöflich
**incentive**, Anreiz, Bonus
**initial stage**, Anfangsphase
**input**, Beitrag
**interference**, Einmischung, Störung
**interrupt**, unterbrechen
**interruption**, Unterbrechung

**introduce**, vorstellen
**invite**, einladen

## K
**key player**, Hauptbeteiligter

## L
**laid-back**, entspannt
**long-term**, langfristig

## M
**main point**, wichtiger Punkt
**main stage**, Hauptphase
**misunderstanding**, Missverständnis

## N
**necessary**, notwendig

## O
**objection**, Einwand
**offer**, anbieten
**opportunity**, Gelegenheit
**opposing party**, Gegenseite
**optimize**, optimieren
**option**, Möglichkeit
**overcome**, überwinden

## P
**participant**, Teilnehmer
**permission**, Erlaubnis
**point something out**, auf etwas hinweisen
**polite**, höflich
**profit margin**, Gewinnspanne
**profit**, Gewinn
**progress**, Fortschritt
**purpose**, Grund

## Q
**question**, Frage

## R
**reasonable**, vertretbar
**recommend**, empfehlen
**repeat**, wiederholen
**requisite**, Vorbedingung
**rush**, Eile

## S
**schedule**, Zeitplan
**small talk**, Plauderei
**specific**, genau
**stage**, Phase
**stipulation**, Bedingung
**strategy**, Strategie
**summarize**, zusammenfassen
**summary**, Zusammenfassung

## T
**take place**, stattfinden
**time frame**, Zeitrahmen
**topic**, Thema

## U
**unacceptable**, inakzeptabel
**untenable**, unhaltbar
**upcoming**, bevorstehend
**urgency**, Dringlichkeit
**user-friendly**, benutzerfreundlich

## W
**willing**, bereit

## Deutsch – Englisch

### A
akzeptabel, **acceptable**
analysieren, **analyze**
anbieten, **offer**
Anfangsphase, **initial stage**
annehmbar, **acceptable**
Anreiz, **incentive**
auf etwas hinweisen, **point something out**
Aufmerksamkeit, **attention**
ausweiten, **expand**

### B
Bedingung, **condition, stipulation**
Beherrschung, **composure**
Beitrag, **input**
benutzerfreundlich, **user-friendly**
bereit, **willing**
bevorstehend, **upcoming**
Bilanz, **balance**
Bonus, **incentive**
Break-even, **break-even point**

### C
Charaktereigenschaft, **character trait**

### D
Dringlichkeit, **urgency**

### E
eigentlich, **actual**
Eile, **rush**
einladen, **invite**
Einmischung, **interference**
einstellen, **hire**
Einwand, **objection**
empfehlen, **recommend**
Entscheidung, **decision**
entspannt, **laid-back**
entwerfen, **draw up**
entwickeln, **draw up**
erklären, **explain**
Erlaubnis, **permission**
erläutern, **clarify**
erreichen, **attain**

### F
Fortschritt, **progress**
Frage, **question**

### G
Gegenangebot, **counter-offer**
Gegenseite, **opposing party**
Gelegenheit, **opportunity**
genau, **specific**
Gewinn, **profit**
Gewinnspanne, **profit margin**
Grund, **purpose**

### H
Hauptbeteiligter, **key player**
Hauptphase, **main stage**
Herausforderung, **challenge**
höflich, **polite**

### I
inakzeptabel, **unacceptable**

### K
Kategorie, **category**
Kollege, **colleague**
Kompromiss, **compromise**
Konferenzraum, **conference room**

konzentrieren, **focus**
Körpersprache, **body language**

## L
langfristig, **long-term**

## M
Missverständnis, **misunderstanding**
Mitbewerber, **competitor**
Möglichkeit, **option**

## N
notwendig, **necessary**

## O
optimieren, **optimize**

## P
Phase, **stage**
Plauderei, **small talk**
Problem, **issue**
Punkt, **point**
Punkt, wichtiger, **main point**

## R
richtig, **correct**
Rückmeldung, **feedback**

## S
sammeln, **gather**
sich beruhigen, **calm down**
sich konzentrieren auf, **focus on**
stattfinden, **take place**
Störung, **interference**
Strategie, **strategy**

## T
Tagesordnung, **agenda**
tatsächlich, **actual**
Teilnehmer, **participant**
Thema, **topic**
Thema, vom ~ abweichen, **digress**

## U
überwinden, **overcome**
überzeugen, **convince**
umsetzen, **implement**
unhöflich, **impolite**
unterbrechen, **interrupt**
Unterbrechung, **interruption**
unhaltbar, **untenable**

## V
Vereinbarung, **agreement**
verhandeln, **drive a bargain**
Verhandlungstisch, **bargaining table, conference table**
vertagen, **adjourn**
Vertagung, **adjournment**
Vertrag, **contract**
vertretbar, **reasonable**
Vorbedingung, **requisite**
vorstellen, **introduce**
Vorteil, **advantage**

## W
wiederholen, **repeat**

## Z
Zeitplan, **schedule**
Zeitrahmen, **time frame**
zufällig mitbekommen, **overhear**
Zugeständnis, **concession**
Zusammenarbeit, **cooperation**
zusammenfassen, **summarize**
Zusammenfassung, **summary**
zustimmen, **agree**
Zustimmung, **agreement**

# Stichwortverzeichnis

## A

Ablehnung 94, 110
Anliegen 93
Argument
    vorbringen 47, 78
Aussprache 113

## B

Bedingung 19, 82
Begrüßung 38
Beruhigungssatz 43, 75
Buchstabieren 115

## C

Charaktereigenschaft 23
    Schwäche 25
    Stärke 26

## E

Einlenken 77, 78
Einwand 49
    einleiten 50
Entscheidung 26, 57, 61–63, 65–67
    treffen 62
    vertagen 66

## F

Feedback 44
Feiertage
    Australien 121
    deutschsprachige Länder 120
    UK und Irland 121
    USA 121
Forderung 84–86

Frage 52, 72, 104
    Fragewort 53
    Ja/Nein-Frage 52
    Was-Frage 53
    Wie-Frage 53

## G

Gegenüber 28, 30
Geschäftszeiten 117
Gespräch 14, 15, 32
Gesprächssituation
    ausweglose 87, 88
    Stillstand 87, 88, 109
    win-win 81, 87, 88, 105

## H

Höflichkeit 48, 71, 72, 83, 93–95, 103, 110

## K

Klärung 58
Körpersprache 91, 98, 110

## L

Lösung 88, 89

## M

Meinung 42, 44
    ausdrücken 42, 48, 106
Missverständnis 57, 59

## N

Nachdruck 60, 84, 85

## P

Pause 72, 73

## R

Rückmeldung 44, 54, 104, 106

## S

Schlichter 75, 76
Störung 71, 72

## U

Unterbrechen 71–73

## V

Verhandlung
   Anfangsphase 16, 37
   Endphase 18, 57
   Hauptphase 17, 47
   Pause 17, 72–74, 88, 96, 108
   Phase 16, 18
Verhandlungsform 13, 14
Verhandlungspartner
   europäische 91
   nordamerikanische 91
   asiatische 95
Verhandlungssprache 19, 20, 92
Vertrag 14, 19, 26, 64, 66
Verzögerung 66, 67

## Z

Zeitausdruck 78
Zeitzonen 117
Ziel 23, 24, 30, 31, 33, 37, 40, 43, 47, 81, 108
   erreichen 17, 32
Zugeständnis 81
   einfordern 84–86
   machen 81, 82
Zuhören 24, 55, 56
Zusammenfassen 63
Zustimmung 18, 48, 49, 53, 54, 59, 63, 88, 99

---

Die Autoren danken Jens Bahns, Beke Hansen und Eva Schmidt für ihre tatkräftige Unterstützung bei der Fertigstellung dieses Buches.